図解で早わかり

最新 **商業登記の基本と実務**

認定司法書士
**松岡 慶子** 監修

**本書の3大特色**

商業登記の基本事項を平易に解説。
登記簿の読み方から申請手続まで網羅。

株式会社の設立から株式、機関、変更登記、
解散・清算までわかる。

令和元年会社法改正など
最新の改正に対応。
登記申請書や株主リストなど
書式サンプルも掲載。

三修社

## はじめに

　新たに企業と取引を開始する場合には、取引相手となる企業が現に存在するのか、企業を代理する人物に十分な権限が与えられているのか、どのような企業目的をもって活動を行っているのかなどを詳細に調査する必要があります。その場合に、商業登記は重要な情報源となります。商業登記には、その企業についての基本的な情報が記録されています。新規の取引をする場合には、相手方企業の登記簿を調べることから始めるとよいでしょう。

　登記を調べることで、その企業が実際に存在するのか、資本金はいくらか、代表取締役には誰がなっているのか、ということがわかります。また、会社は、様々な場面で登記をしなければなりません。設立からはじまり、役員の変更、会社の解散・清算まで登記をする義務があります。

　商業登記の手続きは、複雑で素人にはなじみにくいものです。そのため、一般には、登記申請にあたり、司法書士などの専門家にまかせることになります。ただ、専門家にまかせるにしても、どのような場面で登記をしなければならないか、といった登記に関する知識は必要不可欠です。そのような場合に備えて、登記についての基本的な概念や知識をもつことは大切なことです。

　本書では、商業登記のしくみや商業登記簿の読み方、申請手続き、株式会社の設立から役員変更、解散までの主要な登記の他、合同会社、NPO、一般社団、一般財団などの株式会社以外の登記についても網羅的にとりあげています。巻末では、登記申請書や登記すべき事項の入力例、添付書類などの書式例についても掲載しています。

　令和3年3月に一部施行予定の会社法の改正や令和3年2月15日施行の商業登記規則の改正についてもフォローしています。

　本書を商業登記に携わる皆様のお役に立てていただければ幸いです。


監修者　認定司法書士　松岡　慶子

# CONTENTS

はじめに

---

## PART 1　会社と商業登記の基本

1　商業登記の役割　　　　　　　　　　　　　　　10
2　会社法と商業登記法　　　　　　　　　　　　　12
3　令和元年会社法改正の概要　　　　　　　　　　14
4　会社の種類と責任　　　　　　　　　　　　　　16
5　商業登記の効力　　　　　　　　　　　　　　　18
6　商業登記の種類　　　　　　　　　　　　　　　20
7　商業登記の分類　　　　　　　　　　　　　　　22
Column　商業登記規則　　　　　　　　　　　　　24

---

## PART 2　登記簿の読み方・調べ方

1　商号区　　　　　　　　　　　　　　　　　　　26
2　目的区　　　　　　　　　　　　　　　　　　　28
3　株式・資本区　　　　　　　　　　　　　　　　30
4　役員区　　　　　　　　　　　　　　　　　　　34
5　新株予約権区　　　　　　　　　　　　　　　　38
6　支店区や企業担保権区　　　　　　　　　　　　40
7　その他の区や合名・合資会社の登記簿　　　　　42
8　登記内容の調べ方①　　　　　　　　　　　　　44
9　登記内容の調べ方②　　　　　　　　　　　　　46
10　履歴事項証明書の活用　　　　　　　　　　　　48
11　閉鎖事項証明書の活用　　　　　　　　　　　　50
12　インターネットを使った登記内容の調べ方　　　52

Column　各区を読む際の注意点　　　　　　　　　　　　54

## PART 3　登記申請の仕方と添付書類

1　申請手続きの流れ　　　　　　　　　　　　　　　56
2　オンライン申請　　　　　　　　　　　　　　　　58
3　登記申請書の作成　　　　　　　　　　　　　　　60
4　申請書の記載方法　　　　　　　　　　　　　　　62
5　申請書類のとじ方　　　　　　　　　　　　　　　64
6　登記申請書の添付書類　　　　　　　　　　　　　66
7　その他の添付書類　　　　　　　　　　　　　　　68
8　本人確認証明書の添付　　　　　　　　　　　　　70
9　辞任登記の添付書類や旧姓の登記　　　　　　　　74
10　株主リスト　　　　　　　　　　　　　　　　　76
11　申請書の取下げ　　　　　　　　　　　　　　　78
Column　印鑑証明書と印鑑登録　　　　　　　　　　80

## PART 4　株式会社の設立登記と手続き

1　株式会社の設立手続き　　　　　　　　　　　　　82
2　定款の作成　　　　　　　　　　　　　　　　　86
3　定款の認証　　　　　　　　　　　　　　　　　88
4　変態設立事項　　　　　　　　　　　　　　　　90
5　出資金の払込みと手続き　　　　　　　　　　　　92
6　役員の選任と本店所在地の決定　　　　　　　　　94
7　設立登記の申請書類　　　　　　　　　　　　　　96

8　登記事項証明書の取得　　　　　　　　　　　100

Column　会社設立に関わる責任　　　　　　　　102

## PART 5　株式・新株発行のしくみ

1　株主平等原則と種類株式　　　　　　　　　104

2　株式譲渡自由の原則と制限　　　　　　　　108

3　譲渡制限株式の譲渡　　　　　　　　　　　110

4　譲渡制限の変更手続き　　　　　　　　　　112

5　株式併合　　　　　　　　　　　　　　　　114

6　株式の分割・無償割当・消却　　　　　　　116

7　新株発行　　　　　　　　　　　　　　　　118

8　新株予約権　　　　　　　　　　　　　　　122

Column　単元株制度　　　　　　　　　　　　126

## PART 6　株式会社の機関のしくみ

1　機関と機関設計　　　　　　　　　　　　　128

2　取締役会設置会社と公開会社　　　　　　　132

3　親会社と子会社の関係　　　　　　　　　　134

4　株主総会　　　　　　　　　　　　　　　　136

5　取締役の資格・選任　　　　　　　　　　　138

6　取締役の人数・任期　　　　　　　　　　　140

7　取締役会　　　　　　　　　　　　　　　　142

8　代表取締役　　　　　　　　　　　　　　　144

9　監査役の権限・責任　　　　　　　　　　　146

10　会計参与　　　　　　　　　　　　　　　　150

11　会計監査人　　　　　　　　　　　　　　　152

12 社外取締役・社外監査役 154

13 一時取締役と職務代行者 158

14 指名委員会等設置会社 160

15 監査等委員会設置会社 164

16 取締役の会社に対する責任 168

17 取締役の会社に対する責任の免除・軽減 170

18 第三者に対する責任 172

19 補償契約と役員等賠償責任保険 174

Column　役員に科せられる罰則 176

## PART 7　知っておきたい！ 株式会社のその他の登記手続き

1 商号変更手続き 178

2 定款の目的変更 182

3 目的を登記する場合の注意点 184

4 目的の変更手続き 186

5 役員変更 188

6 本店移転 192

7 同じ管轄区域での移転方法 194

8 他の管轄区域への移転方法 196

9 増資の手続き 198

10 組織再編とM＆A 200

11 合併の手続きと登記 204

12 会社分割の手続きと登記 208

13 株式交付 212

14 解散・清算の手続きと登記 214

　　資料 登録免許税 218

## PART 8　持分会社の登記手続き

| 1 | 持分会社 | 220 |
|---|---|---|
| 2 | 合同会社の設立と登記 | 222 |
| 3 | 持分会社から株式会社への組織変更 | 226 |
| 4 | 株式会社への具体的な変更手続き | 228 |
| 5 | 特例有限会社から株式会社への移行手続き | 230 |
| 6 | NPO法人 | 232 |
| 7 | 一般社団法人・一般財団法人 | 236 |
| 8 | 有限責任事業組合 | 240 |
| Column | 各種法人の最近の設立状況 | 242 |

## 巻　末　登記事項証明書・登記申請書・添付書類サンプル集

| 書式 | 登記事項証明書（履歴事項証明書） | 244 |
|---|---|---|
| 書式 | 印鑑届書 | 245 |
| 書式 | 登記事項証明書交付申請書 | 246 |
| 書式 | 株主リスト | 247 |
| 書式 | 就任承諾書（取締役分と代表取締役分、取締役会非設置会社） | 248 |
| 書式 | 登記申請書（発起設立） | 249 |
| 書式 | 登記すべき事項の入力例（発起設立） | 250 |
| 書式 | 登記申請書（取締役1人の辞任） | 251 |
| 書式 | 辞任届（取締役1人の辞任） | 252 |
| 書式 | 登記申請書（解散、清算人・代表清算人の選任） | 253 |
| 書式 | 登記すべき事項の入力例（解散、清算人・代表清算人の選任） | 254 |
| 書式 | 清算結了登記の登記申請書 | 255 |

# PART 1

# 会社と商業登記の基本

# 商業登記の役割

情報公開のためのシステムである

## ■ 商業登記は何のためにするのか

　企業と取引を行う場合、相手方がどのような会社なのかがまったくわからなければ、安心して取引することはできません。会社には、広告などで広く名前が知れ渡っているような大きな会社もあれば、家族経営を行っている小規模な会社もあります。大きな会社であれば新聞や専門誌、その他の媒体から情報を取り寄せることは容易ですが、中小企業となると簡単ではありません。かといって、取引を行うたびに興信所に調査を依頼していては、経済活動が迅速、円滑に運びません。

　商取引が安全で迅速、円滑に行われるために設けられたのが商業登記制度です。商業登記制度は、企業と取引を行おうとする者が不測の損害を被ることのないように、一定の事項について情報公開（公示）するためのシステムです。

　また、登記を行うということ、つまり情報を公開するということは、企業自身にとっても信用を保持することにつながります。公示は、商業登記簿という帳簿に記載して公開するという方法で行います。登記簿は法務局に設置されています。たとえば、どのような目的（業種内容）の会社なのか、代表者は誰なのか、これらは商業登記簿を確認して知ることができます。

　登記簿を確認する方法としては、登記事項証明書あるいは登記事項要約書を交付してもらう方法があります。

　なお、企業は、会社の設立登記を行い、その後登記の内容に変更があれば、一定期間内に変更登記をしなければなりません。取引が円滑に行われるために義務付けられているもので、変更

**登記簿**

商法、会社法その他の法律の規定により登記すべき事項が記録されている帳簿のこと。磁気ディスクやこれに準ずる方法によって一定の事項を確実に記録することができる物で調製される。

## 商業登記のはたらき

自社の信用性をアピール

商業登記

取引の安全性を確保

取引の相手の信用性をチェック

登記を怠ると100万円以下の過料が課せられることがあります。

### ■ 登記簿で会社の信用度をはかることができる

　法令に基づいてきちんと変更登記などがなされている会社は、それだけ信用度が高いといえるでしょう。

　「登記上は本店所在地とされている場所に実際には店舗がない」「登記されている役員と実際の役員が異なっている」といった会社は要注意です。また、その会社を信用できるかどうかの判断材料として、①取締役の解任や辞任が少ないこと、②資本の額が比較的多いこと、③本店移転が少ないこと、なども挙げられます。特に本店移転の場合は注意が必要です。移転先が同一市区町村でなければ、移転先で新しい登記簿が作成され、移転前の登記簿は閉鎖されます。このような場合は、閉鎖登記簿を確認することによって実態が見えてくることもありますので、閉鎖登記簿謄本をとって確認してみましょう。

　世の中には、知らない間に取引先の会社が破産したり、会社更生法の適用を申請していたということもありえます。会社の実態を見極める上でも、登記簿が果たす役割は大きいといえます。

---

**過料**

行政上の秩序違反に対して科せられる秩序罰で、金銭罰として科される行政罰の一種。刑罰の一種である「科料」とは異なる。

---

**本店移転の登記**

会社が本店（本社）を移転したときにする登記のこと。本店を他の登記所の管轄区域内に移転したときは、2週間以内に登記申請を行う必要がある。旧所在地においては移転の登記をし、新所在地においては会社の区分に応じて設立の際の登記事項を登記しなければならないが、この場合の新所在地における登記の申請は、旧所在地を管轄する登記所を経由し、かつ、同時に申請しなければならない。

# 会社法と商業登記法

**会社法は実体法、商業登記法は手続法にあたる**

## ■ 会社法とはどんな法律か

　会社法は、会社に関するルールを定めた979条にも及ぶ法律です。会社という団体は大きな資金力をもつこともあり、会社の内部の人たちだけでなく、他の会社など外部の利害関係者も大勢でてきます。そのため、会社法は、会社設立の手続き、会社の機関、会社の計算、企業結合の方法、会社形態の変更などについての規定を置き、会社をとりまく法律関係を規律して、会社内外の人たちの利害を調整しています。

## ■ 商業登記法とはどんな法律か

　ある会社（ここではおもに、株式会社を念頭に置いています）と取引関係に入ろうとする人や会社がいた場合に、自分がこれから取引しようとしている相手が、いったいどのような企業であるのかということは、一番の関心事だといえます。

　会社法は、企業の一定の重要な事項について、登記によって公示することを義務付けています。これが商業登記です。登記事項として、会社の目的や商号、本店等の所在場所、発行株式数などが挙げられます。そして、会社が商業登記を行う際に、詳細を定めた法律が商業登記法です。商業登記法は、全4章から成る法律で、商号登記簿や株式会社登記簿をはじめ9種類の商業登記に関する規定を設けています。企業と取引など何らかの法律関係に入ろうとする者は、どのような企業であるのか、資本はどのくらいで、経営者はどのような人物が担っているのかなど、重要な情報を登記簿から収集することが可能になり、

**会社法の条文構造**

「第1編 総則」「第2編 株式会社」「第3編 持分会社」「第4編 社債」「第5編 組織変更、合併、会社分割、株式交換及び株式移転」「第6編 外国会社」「第7編 雑則」「第8編 罰則」となっている。特に重要な部分は、第1編と第2編である。

## 商業登記法の条文構造

第1章「総則」（1条・1条の2）

第1章の2「登記所及び登記官」
（1条の3〜5条）

第2章「登記等」（6条〜13条）

第3章「登記手続」（14条〜138条）

第4章「雑則」（139条〜148条）

附　則

①通則
②商号登記
③未成年者・後見人登記
④支配人登記
⑤株式会社登記
⑥合名会社登記
⑦合資会社登記
⑧合同会社登記
⑨外国会社登記
⑩登記の更正・抹消

安心して取引関係に入ることができます。

### ■ 会社法と商業登記法はどんな関係なのか

　会社法は登記事項について、商業登記法の定めに従い、商業登記簿に登記を行うと規定しています。会社法の規定に基づいて、商業登記法が制定されているわけですが、それでは、会社法と商業登記法は、いったいどのような関係にあるのでしょうか。

　一般に法律の区分として、権利・義務に関する、発生・変更・消滅について規定を置いている法律を実体法といいます。これに対して、実体法の規定を実現するための、具体的な手段としての手続きを定めた法律は手続法と呼ばれています。株式会社をはじめとする、企業をめぐる法律関係について、実体法にあたるのが会社法です。そして、会社法の規定を実現するために、具体的な手続きを定めた手続法にあたるのが商業登記法ということになります。

# 令和元年会社法改正の概要

会社をめぐる社会経済情勢の変化に合わせた改正が行われた

## ■ どうして会社法が改正されたのか

　これまでにも、会社法はコーポレート・ガバナンス（企業統治）の強化などを目的とする改正が行われてきました。そこでは、企業の不祥事の増加などを背景に、おもに企業経営の監視・監督機能の強化が課題になってきました。

　令和元年の会社法改正においては、社会経済情勢の変化をふまえ、引き続きコーポレート・ガバナンスの強化を目的とする改正が行われました。その他にも、企業の生産性向上のための合理化などを目的として種々の改正が行われました。

　令和元年の改正事項は、大きく分けて、次ページ図のようになっています。以下、ポイントになる改正について、見ていきましょう。

### ・株主総会資料の電子提供制度の新設

　従来は、株主総会資料をウェブサイトでの公開や電子メールの送信等により提供するためには、株主の個別の同意が必要でしたが、定款で定めることにより、個別の同意を得ることなく行うことが可能になりました。

### ・株主提案権の濫用的な行使を制限するための措置の整備

　株主提案権の濫用的な行使を制限するために、株主が提案可能な議案の数が、原則として10に制限されます。

### ・補償契約・保険契約に関する規定の新設

　取締役などの役員等が、十分に力を発揮して職務にあたることを保障するために、役員等が損害賠償請求などの対象となるリスクに備えるための補償契約や役員等賠償責任保険契約に関

**株主提案権に関する改正**

株主総会の円滑化のために、改正法案においては、企業側の判断で株主総会の株主提案を制限できる項目が盛り込まれていた。しかし、会社側の恣意的な判断により、株主提案権が不当に制限されるおそれがあることから、令和元年の法改正では、この項目に関する改正は見送られた。

## おもな改正の概要と施行スケジュール

| 改正事項 | 施行日 |
|---|---|
| ①株主総会資料の電子提供制度の新設 | 公布の日から3年6か月を超えない範囲で施行（2023年内に施行予定） |
| ②株主提案権の濫用的な行使を制限するための措置の整備 | 2021年3月1日施行 |
| ③取締役の報酬等に関する規定の見直し | |
| ④補償契約に関する規定の新設 | |
| ⑤役員等賠償責任保険契約に関する規定の新設 | |
| ⑥業務執行を社外取締役に委託する場合の規定の整備 | |
| ⑦社外取締役の設置の義務化に関する規定の整備 | |
| ⑧社債の管理に関する規定の見直し | |
| ⑨株式交付制度の新設 | |
| ⑩責任追及等の訴え（株主代表訴訟）における和解に関する規定の整備 | |
| ⑪議決権行使書面の閲覧に関する規定の見直し | 原則、2021年3月1日施行 一部、公布の日から3年6か月を超えない範囲で施行（2022年施行予定） |
| ⑫会社の登記に関する規定の見直し | |
| ⑬取締役の欠格事由に関する規定の見直し | 2021年3月1日施行 |

する規定が整備されました。

**・業務執行を社外取締役に委託する場合に関する規定の整備**

取締役と株式会社との利益が相反する状況にある場合に、社外取締役に業務執行を委託することが可能になりました。また、監査役会設置会社の一部について、社外取締役の選任が義務付けられました。

**・株式交付制度の新設**

他の株式会社を子会社化する際に、子会社化する会社の株式を譲り受け、対価として、自社の株式を交付するための手続きが整備されました。

**議決権行使書面の閲覧謄写請求拒絶要件の明文化**

令和元年会社法改正により、株主による議決権行使書面の閲覧謄写請求の拒絶要件が明文化された。具体的には、株主による議決権行使書面の閲覧謄写請求が、自らの権利の行使などに関する調査以外の目的や、株式会社の業務の遂行を妨害する目的でなされた場合などには、株式会社はその請求を拒否できると明文化された。

# 会社の種類と責任

## 大きく株式会社と持分会社に分かれる

### ■ それぞれの会社形態で負う責任は異なる

会社法上、会社とは株式会社、持分会社（合名会社、合資会社、合同会社）を指します。

会社に対する出資者のことを法律用語で社員といいますが、社員が直接会社債権者に対して会社の債務を弁済（返済）する責任を負うことを直接責任、会社が負っている債務の範囲内で、社員がその個人財産で限度なく責任を負うことを無限責任といいます。これに対して、会社に対して出資義務を負うだけで、それ以外は会社債権者に対して何ら責任を負わないことを間接責任、責任の限度が出資額に限られることを有限責任といいます。会社の形態によって社員の責任の内容は異なります。

### ■ 株主の責任

株式会社は、株主総会と取締役という機関が基本となる会社です。株主総会とは会社の最高意思決定機関として会社の基本的な方針や重要な事項を決める機関で、会社に出資した者（株主）が集まって決めます。株式会社では、出資者は自分が引き受けた株式について出資義務を負うだけで、たとえば会社が債権者に債務を支払わなかったとしても、株主が会社に代わって支払義務を負うことはありません。

このように、株主は会社債権者に対して直接責任を負わず、かつ、株主の責任は出資の限度額に限られていることから、株式会社の株主の責任は間接有限責任ということになります。出資者は出資額に応じて株式を取得することができ、会社に対す

---

**社員**

団体の構成員のこと。会社法でいえば、会社に対する出資者、株式会社の場合は株主を意味する。一般用語では従業員のことを社員ということがあるが、法律用語の「社員」とは意味が異なる。

**一人会社**

株主・社員が一人の会社のこと。株主・社員が一人になっても会社の解散事由にはならず、また、複数人であることが会社の設立要件になっていないため一人会社も法制度上認められている。

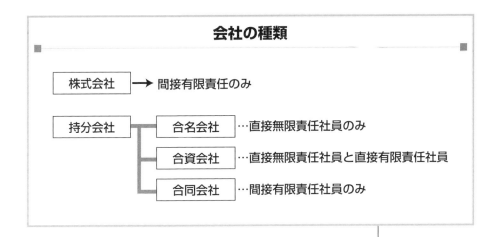

## 会社の種類

株式会社 → 間接有限責任のみ

持分会社
- 合名会社 …直接無限責任社員のみ
- 合資会社 …直接無限責任社員と直接有限責任社員
- 合同会社 …間接有限責任社員のみ

る様々な権利を得ることになります。本書では、特に断りのない限り、株式会社を想定して記述しています。

### ■ 持分会社の社員の責任

持分会社の社員は、出資義務を履行するとその対価として持分を取得します。これは株式会社では株式に該当します。社員は持分を取得することで、当然に利益配当請求権などの権利をもつことになります。持分は、原則として、自由に譲渡することはできず、他の社員全員の同意が必要になります。この点、株式の譲渡が原則として自由とされる株式会社とは大きく異なっています。

合名会社と合資会社は、どちらも典型的には、親子・親戚・友人など人的に信頼関係の深い少数の人々が共同して事業を営むときに採用されてきた会社形態です。合名会社の社員は無限責任社員のみ、合資会社の社員は無限責任社員と有限責任社員の両方からなっています。

他方、合同会社は、社員が間接有限責任を負う点は株式会社と同じですが、内部的には、柔軟な組織設計や会社経営が可能な形態になっています。

**機関**

会社の行為や意思決定をする人や組織を会社の機関という。株式会社では、機関をいくつかに分け、役割を分担し、相互に抑制させることにより、会社経営の合理化と適正化を図っている。このことを「機関の分化」という。

**定款**

会社の根本規則のこと。会社の活動範囲は会社の定款に目的として記載された事業に限られる。本店所在地、商号、目的などの必要的記載事項の他、たとえば、発行する株式の数や種類、株主総会等の議決機関に関すること、取締役等の役員の人数や任期、事業年度など、会社の基本的な組織形態、運営方法が定款で定められる。

# 商業登記の効力

登記をすることで一定の効力が生じる

## ■ 商業登記にはおもに4つの効力がある

商業登記簿から得られる情報はいろいろありますが、商業登記にどのような効力があるのかを知っていれば、それらの情報をさらに有効に活用できるでしょう。商業登記にはおもに次の4つの効力があるとされています。

### ① 公示力

不動産の登記には、登記をすれば第三者に対して権利の存在を主張できるという効力（対抗力）が認められています。それと同じように商業登記にも、登記をすることによって、第三者に対して登記された事柄を主張できるという効力が認められています。

### ② 公信力

実際にはない事実であっても、登記をすることによって、登記したとおりの効力が認められるというものです。登記は事実に基づいてなされなければならないので、登記された内容が事実と一致していない場合には、本来その登記は無効のはずです。

しかし、ここでそのような登記をすべて無効にしてしまっては、登記内容を信じて取引を行った第三者に不測の損害を与えてしまうおそれがあります。そのため商法は、このような登記を信じた第三者を保護するための規定を設けました。これにより、故意（わざと）や過失（不注意）によって事実とは異なる事項を登記した者は、それが事実と異なることを、事情を知らない第三者に対して主張することはできないとされています。つまり、事実と異なった登記をした場合でも、その事実がある

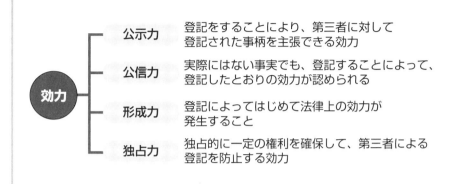

## 商業登記の4つの効力

| 効力 | | |
|---|---|---|
| | 公示力 | 登記をすることにより、第三者に対して登記された事柄を主張できる効力 |
| | 公信力 | 実際にはない事実でも、登記することによって、登記したとおりの効力が認められる |
| | 形成力 | 登記によってはじめて法律上の効力が発生すること |
| | 独占力 | 独占的に一定の権利を確保して、第三者による登記を防止する効力 |

のと同様の責任を負うことになります。

なお、不動産登記では公信力は認められていません。

### ③ 形成力

登記によってはじめて法律上の効力が発生するというものです。商業登記制度は、一般にその企業の実態を公示することを目的としていますが、例外的に登記を行うことによってはじめてその効力が生じることになるものがあります。会社設立登記や新設合併の登記などがそうです。

### ④ 独占力

かつては「類似商号」の登記が禁止されていました。同一の市区町村内に、すでに本社や支店がある会社と類似した商号で、同一の事業目的を持つ会社の登記ができませんでした。つまり、登記には、独占的に一定の権利を確保して、第三者による登記を防止するという効力があったといえます。

現在では、「類似商号」の制度は廃止され、かつてのような強い独占力はありませんが、同一の所在地に同一の会社名の会社を登記することはできませんので、その意味で弱いながらも商業登記には独占力が残っているといえます。

> **新設合併**
> 2以上の会社の合併であり、消滅会社の権利義務の全部を新設会社に承継させること。

# 商業登記の種類

登記の主体によって分類される

## ■ 登記の主体の違いにより分類できる

　商業登記にはその主体によって9種類の登記が商業登記法上定められています。登記の種類を知ることは登記を確認する上で必要なことですから、以下、概要を見ておきましょう。

### ① 商号の登記

　個人事業主が行う商号の登記で、商号登記簿になされます。

　商号の登記をすることにより、他人が同一の営業場所で同一の商号を登記することを防ぐことができ、自分の商号の保護に役立てることができます。

### ② 未成年者の登記

　民法では、未成年者が売買などの法律行為を行うには法定代理人の同意が必要であり、同意を得ないでした法律行為は取り消すことができると規定されています。しかし、法定代理人（通常は両親または親）から営業を許された場合には、その営業に関する法律行為を未成年者は単独で有効に行うことができるようになります。そのことを公示するために行われるのが未成年者登記で、未成年者登記簿になされます。

### ③ 後見人の登記

　後見人が未成年者など被後見人のために営業をする場合に、その事実を公示するための登記が後見人登記です。未成年者登記とは違い、本人のために後見人が営業を行うということを示す登記です。後見人登記簿に登記されます。

### ④ 支配人の登記

　支配人を公示するために行う登記が支配人登記です。個人商

**商号**

商売上の名称で、「○○商店」などの名前や屋号のこと。

**9種類の登記**

本文に記載した①〜⑨の登記のうち、⑤〜⑨を「会社に関する登記」と呼ぶことがある。これに対して、①〜④は、会社以外の個人・未成年者・後見人・支配人についての登記であることから、「個人商人に関する登記」と呼ぶことがある。なお、個人商人とは、個人事業主のイメージで捉えておけばよい。

**後見人**

後見人とは、以下の①または②に該当する者のこと。
①親権を行う者がいない未成年者を保護する者
②後見開始の審判があった成年者を保護する者

## 個人商人に関する登記

| 登記 | 申請人 | 添付書面 |
|---|---|---|
| 商号新設の登記 | 商号使用者 | 委任状以外不要 |
| 未成年者の登記 | 原則：<br>未成年者 | 法定代理人の許可を証する書面（申請書に<br>法定代理人の署名押印がある場合は不要）<br>未成年後見監督人に関する書面等 |
| 後見人の登記 | 原則：<br>後見人 | 後見監督人がない場合はその旨を証する書面<br>後見監督人がある場合は、その同意を得た<br>ことを証する書面等 |
| 支配人の登記 | 商人 | 不要 |

人の支配人については、支配人登記簿に登記されます。会社の
支配人は、会社の登記簿に記載されます。

⑤ **株式会社の登記**

株式会社についての登記で、株式会社登記簿になされます。
株式会社の登記は、株式会社の成立要件です（会社法49条）。登
記がなされないと、100万円以下の過料が課される場合がありま
す（会社法976条1項1号など）。なお、会社の変更登記におい
ても、登記の変更を行わなければ過料が課される場合があります。

⑥ **合名会社の登記**

合名会社についての登記で、合名会社登記簿になされます。

⑦ **合資会社の登記**

合資会社についての登記で、合資会社登記簿になされます。

⑧ **合同会社の登記**

合同会社についての登記で、合同会社登記簿になされます。

⑨ **外国会社の登記**

外国会社についての登記で、外国会社登記簿になされます。
日本における代表者が外国会社を代表し、営業所設置などの登
記申請を行います。

**支配人**

支配人とは、支店長など営業について営業主を代理する権限を持つ者のこと。

**成立要件**

権利などが成立するための要件のこと。成立要件は、法律効果を発生させるための要件である効果要件とは異なる。

**外国会社**

外国の法令に準拠して設立された法人、あるいはその他の外国の団体であって会社と同種のもの、または会社に類似するもの。

# 商業登記の分類

5つに分類することができる

## ■ 登記の事由の違いにより分類できる

登記する事由の違いによって分類すると、以下のように分類
できます。

### ① 独立の登記

会社の設立登記や商号新設の登記、未成年者の登記など、は
じめて登記簿を作成する場合に行われる登記です。当事者の申
請により新しく登記簿が作成されます。

### ② 変更の登記

商号や目的の変更登記、役員変更登記など、一度登記した事
柄について、その後変更が生じた場合に行われる登記です。営
業主や代表取締役が申請を行います。

### ③ 更正の登記

すでに登記されている事項について誤りがあったり、登記事
項が抜けていた場合に、実体にあわせるために行われるのが更
正の登記です。役員の名前が間違っていたり、目的の記載を
誤ってしまった場合などにそれを修正するために行われます。
当事者が更正登記を申請する場合もありますが、登記官が職権
で更正を行うこともあります。

登記官が職権で登記を更正するのは、登記の誤りや抜けが、
登記官の間違いで生じたときに、登記官が監督法務局または地
方法務局の長の許可を得た上で、登記を更正する場合です。

なお、登記官の間違いによる登記の更正については、登録免
許税を納付する必要はありません。

### ④ 抹消の登記

登記事項

登記簿に記録すべき事
項のこと。会社の種類
によって登記すべき事
項は異なる。

## おもな商業登記手続き

| | | |
|---|---|---|
| 会社の設立登記 | | 株式会社や合名会社などの会社を設立する場合に行う登記。商号や事業目的、本店所在地、役員名などを記載 |
| 会社の変更登記 | 商号変更 | 会社名を変える場合に行う登記 |
| | 目的変更 | 事業目的を変える場合に行う登記 |
| | 本店移転 | 本店の所在地を変える場合に行う登記 |
| | 役員変更 | 取締役などの役員が変わった場合に行う登記 |
| その他 | | 合併や解散の登記などがある |

　登記した事柄について実体がない場合や、登記した事柄が無効な場合にその登記を抹消するために行う登記です。法務局の管轄を間違えて行われた登記を抹消する場合や本来登記できない事柄が登記されているためにそれを抹消する場合などもあります。当事者が抹消登記を申請する場合と、登記官が職権により抹消する場合があります。

　登記官が職権で抹消する場合には、管轄違いや申請する登記がすでに登記されている場合などがあります。この場合、登記官は一定の手続きを経た上で抹消します。

### ⑤　消滅の登記

　登記されている事柄について実体が消滅した場合に行われます。個人商人（個人事業主）の商号廃止の登記、会社の清算結了の登記などがこれに該当します。登記簿は閉鎖され、閉鎖登記簿として法務局に保管されます。登記簿自体が消滅してしまうわけではありません。

**会社の清算結了の登記**

会社が解散をして、すべての後始末を終えたときにする登記。

# Column

## 商業登記規則

　商業登記規則とは、登記記録の記録方法その他登記事務に関する必要な事項や、登記申請書の様式、添付書面やオンライン申請の特例など商業登記手続きの詳細を定めた省令のことです。商業登記に関する基本的ルールを定めた商業登記法に基づき、その細部に関する手続きを定めています。

　そのため、会社の登記手続きでは、基本法となる商業登記法だけでなく、その詳細を定めた商業登記規則の規定に従って、手続きを進める必要があります。

　たとえば、取締役の就任による変更登記では、商業登記法に規定のある当該取締役の就任承諾書だけでなく、印鑑証明書や住民票の写しなどの本人確認書類の添付が必要になりますが、これは商業登記規則によるものです。

　また、代表取締役の退任による変更登記では一定の場合に、当該取締役の個人実印についての印鑑証明書の添付が要求されますが、これも商業登記規則に定められています。

　さらに、登記すべき事項につき株主総会決議が必要な場合には、株主総会議事録だけでなく一定の株主の氏名や住所、議決権割合を記載した株主リストの添付が必要となりますが、これも商業登記規則に基づくものです。

　いずれも登記の真正を担保するために設けられたルールです。つまり商業登記規則は、手続きの詳細を規定するだけでなく、登記によって会社の信用性を高め、取引の安全を図るという商業登記法の目的を補強する役割をも果たしているといえます。

　このように、商業登記手続きでは、商業登記法はもちろんのこと、商業登記規則に定められたルールについてもある程度知っておくことが必要となります。

# PART 2

# 登記簿の読み方・調べ方

# 商号区

· · · · · · · · · · · · · · · · · · · · · · · · · · · · · · · · · · · · · · · · · · ·

社名や本店所在地が記載されている

**商号区に記載される事項**

商号区には「商号」「商号譲渡人の債務に関する免責」「本店の所在場所」「会社の公告方法」「貸借対照表に係る情報の提供を受けるために必要な事項」「中間貸借対照表等に係る情報の提供を受けるために必要な事項」「会社成立の年月日」が記載される。

## ■ 商号区と株式・資本区で会社の規模や歴史を調べる

　株式会社の登記簿は、「商号区」「株式・資本区」など「区」に分かれています。

　商号区には、「商号」（会社名）や「本店」などが記載されています。ここを見れば、どこの何という会社の登記簿かがわかるわけです。商号区にはこの他に、「会社の公告方法」「会社の成立年月日」などが記載されています。

　株式・資本区には、「発行可能株式総数」「発行済株式の総数並びに種類及び数」「株券発行会社である旨」「資本金の額」などが記載されています。

　商号変更や本店移転があった場合や、資本金が増加・減少したなどの変更があった場合には、商号区や株式・資本区にその旨が記載されます。旧商号や旧本店などに下線が引かれて変更されたものがその下に記入されていきますので、登記簿を確認することにより、変更前、変更後の事項がわかります。

　本店（本社）移転の場合、管轄法務局が変わると登記簿は閉鎖され、移転先の管轄法務局に新しい登記簿が作成されます。そのことは「登記記録に関する事項」を確認すればわかります。その欄に旧本店の所在地と移転年月日が記載されています。

　また、登記簿が設立や組織変更により作成されたのであれば、「登記記録に関する事項」にその旨が記載されています。

## ■ 商号区には７つの事項がある

　登記簿にはどのような記載がなされているのでしょうか。株

## 商号区（登記事項証明書の記載）

| 商　　号 | 株式会社永松商事 |
|---|---|
| 本　　店 | 東京都練馬区南大泉○丁目○番○号 |
| 公告をする方法 | 官報に掲載してする |
| 会社成立の年月日 | 令和２年１月９日 |

式会社の場合を中心に、法務局で交付される登記事項証明書について、その具体的な記載内容を見ていくことにしましょう。

　登記事項証明書の商号区には、「商号」や「本店」など７つの事項が記載されていますが、ここでは最も重要な４つの事項について説明します。

### ① 商号

　会社の正式な名前です。人でいえば、戸籍に記載されている氏名にあたります。

### ② 本店

　会社の本店の所在地です。人でいう住所地にあたります。

### ③ 公告をする方法

　会社は、その規模と活動によっては、社会に強い影響力を及ぼすことのある団体です。そのため、会社の経済活動も種類によっては、世間一般に対して事実を明らかにするために公告をすることが法律によって義務付けられています。その公告の方法がここでは記載されています。多くの会社は公告の方法として官報を利用しているようです。

### ④ 会社成立の年月日

　会社として成立した日付（原則として設立登記の申請日）です。人でいえば戸籍に記載された生年月日となります。

**公告**
新聞などで、ある一定の事項を広く一般に公開し、知らせること。

**官報**
法令などを公布することを目的に発せられる国の機関紙。

# 目的区

会社の事業目的が記載されている

## ■ 目的区とは何か

**目的の意味合い**

会社は特に目的もなく
設立されて存在してい
るわけではない。ある
目的を掲げて、そのた
めに資金を集めて事業
を展開し、利益を挙げ
るために存在している。
そして、登記すること
によってその目的を社
会一般に公示してい
る。ただ、会社を設立
したときに目的として
掲げた事業であっても、
当初はその事業を行っ
ていないこともある。

**定款**

会社の目的・組織・活動
などに関する根本規則。

**出資者の判断材
料のひとつ**

株式会社は広く世間一
般の出資者から事業の
ための資金を集めて、
それを元手にして営業
活動をして利益を上げ
る形態の会社である。
このとき、出資者が資
金を出資するかどうか
を判断する重要な材料
のひとつが、会社の目
的だといえる。

登記事項証明書の中で、事業目的をいくつか掲げてその最後に「前各号に付帯する一切の業務」などと記載しているところがあります。ここが登記簿の目的区にあたるところです。「目的区」には会社の目的、つまり会社の事業目的、事業内容が記載されています。目的区を確認することで、どのような事業を行っている会社なのかということについて知ることができます。

通常、目的は複数記載されていますが、上部に記載されているものがその会社の主力の事業である場合が多いようです。目的は、その会社の定款にも規定されています。定款に記載されていない事業をその会社の目的にすることはできません。そのため、当面は予定していない事業でも、目的として定款に記載している場合があるので注意が必要です。

## ■ 定款で定める目的の範囲内で事業を展開できる

出資者は会社の目的を見て「こういった事業を行っているのであれば、時流に乗じて大きな利益を挙げられるに違いない」、あるいは「こうした事業を行っているようでは先行き不安だ」などと考え、出資の判断材料のひとつとするでしょう。もちろん、会社と取引をする人にとっても、その会社がどのような事業を行っているかを知ることは重要です。

このように、会社の目的は出資者にとっても取引の相手方にとっても重要な事項ですから、定款に記載するとともに登記もしなければならないとされています。そのため、一度定款に記

## 目的区（登記事項証明書の記載）

| 目　的 | 1　不動産の売買、賃貸、仲介及び管理 |
|---|---|
| | 2　宅地建物取引業 |
| | 3　不動産の鑑定業務 |
| | 4　貸会場の経営 |
| | 5　ビルメンテナンス業 |
| | 6　前各号に附帯する一切の業務 |

載された事業内容を変更あるいは追加する場合には、定款変更のための株主総会特別決議を要し、さらには変更登記の申請が必要になります。ただ、定款に明示された目的そのものを行う行為でなくても、その目的を達成するために必要な活動であれば有効なものとして認められます。

### ■ 目的区を見るときの注意点

　会社は、新しい事業を始めるに際して登記簿の記載を追加・変更することがあります。

　ただ、目的区でも、商号や本店所在地と同じように、頻繁に目的を変更している会社は危険性があるといえます。業績が好調であればわざわざ目的を変更する必要はありません。特に、目的の変更と同じ時期に役員などの総入れ替えがなされている会社は要注意だといえます。

　新規の取引を行うにあたって相手の会社の信用調査をするときは、目的が頻繁に変更されていないか、実際に行っている事業が登記されている目的とかけ離れていないか、などをよく見るようにしましょう。

**特別決議**

議決権を行使できる株主の議決権の過半数をもつ株主が出席し、出席した株主の議決権の3分の2以上の多数によって行う決議。

**目的を無視した活動**

取締役等、会社の経営陣はこの目的の範囲内で事業活動を展開する。目的を無視して関係のない事業をすることは、本来オーナーである株主が予定していた活動ではないので、場合によっては会社の経営陣が解任されることもある。

# 株式・資本区

発行する株式の数や資本金の額が記載されている

## ■ 株式・資本区の中身はどうなっているのか

株式会社では資金を出資してくれた出資者に対して、株式を割り当てます。株式とは、会社全体に対してオーナーである株主がどれほどの持分をもっているのかを示す単位です。そのため、株式会社ではこの株式に関する情報は重要で、登記簿では株式・資本区にこうした情報が記録されています。

以下、「株式・資本区」に記録されている事項のうち、おもなものについて説明しましょう。

① 発行可能株式総数

株式の発行は、会社の事業資金調達の重要な手段であることから、その都度、発行株式に係る定款変更を要求することは、機動的な資金調達を阻害する危険性があります。かといって無制限に株式の発行を認めることは既存株主の持ち株比率を低下させ、損害を生じさせることにもなりかねません。

そこで、会社法は、設立登記までに株式会社が発行できる株式の総数をあらかじめ定款で定めなければならないとしています。これにより、定款で定めた範囲内であれば、経営者は自由に株式を発行でき、機動的な資金調達が可能になります。一方、発行可能株式総数という上限を設けることで、既存株主の利益も保護しています。なお、発行可能株式総数は、発行済株式総数の4倍を超えることはできないとされています（非公開会社にはこの制限は適用されません）。

② 発行済株式の総数並びにその種類及び種類ごとの数

設立時から現在までにその株式会社がすでに発行している株

**持ち株比率**

その会社の発行済株式総数に対し、株主が保有する株式の割合のこと。持株比率が上がれば、それだけ会社に対して行使できる権限が増え、逆に低下すれば、権限も減少する。

**非公開会社**

定款ですべての株式について譲渡制限を設けている会社のこと。

**公開会社**

自由に譲渡することができる株式（譲渡制限がついていない株式）を一株でも発行している会社のこと。

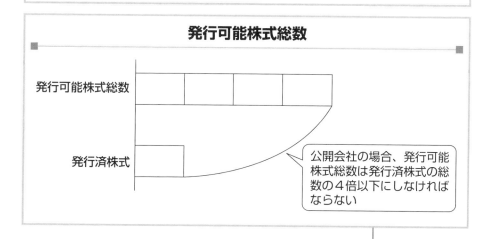

## 株式・資本区（登記事項証明書の記載）

| 単元株式数 | 50株 |
|---|---|
| 発行可能株式総数 | 10万株 |
| 発行済株式の総数 並びに種類及び数 | 発行済株式の総数 1万株 |
| 株券を発行する旨 の定め | 当会社は、株式に係る株券を発行する 令和2年1月10日変更　令和2年1月15日登記 |
| 資本金の額 | 金5億円 |
| 株式の譲渡制限に 関する規定 | 当会社の株式を譲渡するには、取締役会の承認を 得なければならない。 |

## 発行可能株式総数

発行可能株式総数

発行済株式

公開会社の場合、発行可能株式総数は発行済株式の総数の4倍以下にしなければならない

式の総数、株式の種類、種類ごとの発行済株式の総数が記録されています。

### ③ 株券を発行する旨の定め

かつて株式会社は、株券を発行するのが原則でしたが、現在では株券を発行しないのが原則となっています。ただし、定款で株券を発行する旨を定めることもでき、この定めを置いたと

**資本金の規制**

かつては「資本金1000万円以上」という規制があったが、現在では廃止され、1円でもよいことになっている。

きには、株券を発行する旨の登記をしなければなりません。

④　資本金の額

　資本金とは、原則として株主となる者が払込みまたは給付をした財産の額です。通常は、株式１株当たりの発行価額に、発行済株式の総数の額を掛けた額が資本金となりますが、株主となる者が払込みまたは給付をした財産の額のうち２分の１を超えない額は、資本金として計上せず、資本準備金とすることができます。

⑤　株式の譲渡制限に関する規定

　株式の譲渡をするときに株主総会、取締役会などの承認が必要である旨を定款で定めた場合には、これを登記しておくことになります。なお、承認機関については会社によって次のような違いがあります。

・取締役会設置会社では、取締役会が承認機関となる

・取締役会を設置していない会社では、株主総会が承認機関となる

・定款で定めた場合は、上記以外の機関でもよい（たとえば代表取締役など）

## ■ 株式・資本区はここを見る

　「株式・資本区」では、その会社の発行している株式の数・種類・内容と資本金の額が記載されています。この中で新規に取引に入る場合に特に注目したいのが「資本金の額」のところです。

　株式会社の資本は、会社の財産を確保するために設けられています。つまり、会社は事業を展開するために資金を集めますが、それが本当に集められ、会社に確保されていてはじめて外部の第三者が安心して取引に入ることができるわけです。そのため、資本金の額は登記事項とされていて、資本が増えたり減ったりすれば、それに応じて登記がなされることになります。

**資本準備金**

株主から払い込まれたお金のうち２分の１までは、資本準備金として将来の支出や損失に備えて残しておくことができる。

**譲渡承認機関**

会社の特定の機関を明示せず、「当会社」とすることもできる。

**資本金と準備金の関係**

貸借対照表の純資産の部に計上される会社に最低限確保されるべき一定の額を資本金といい、会社の純資産額のうち資本の額を超え、会社に留保される額を準備金という。
準備金には、資本準備金と利益準備金がある。原則として、会社に払い込まれた額が資本金となるが、会社に払い込まれた額の２分の１以下の額は資本金にせず、資本準備金にすることもできる。
また、配当する剰余金の10％は準備金として積み立てなければならない。

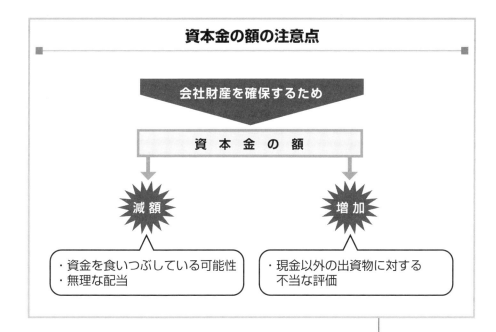

資本金の額が減少している会社は、もともと集めた資金を食いつぶしているおそれがあります。業績が好調であれば、資本の増加とまではいかなくても減少することはあまり見られないはずです。資本を減らしつつ株主への配当を無理に行っている可能性もあります。このような会社との取引は注意が必要です。

ただ、合併によって資本金が過大となったために減資をしているケースなどもありますので、資本を減少している会社のすべてが好調でないというわけではありません。

一方、資本が増加している場合でも、そのまま鵜呑みにはしないほうがよいでしょう。たとえば、不動産や機械のように現金ではなく物によって出資がなされたときに、その物の実際の値段よりも高く見積もって資本として評価している危険性があります。資本が減少しているときほどではありませんが、会社の実態と照らし合わせてみる必要があります。

# 役員区

取締役や監査役の氏名などが記載されている

## ■ 役員区で会社の代表者などの役員を調べる

　取締役、代表取締役、監査役については役員区に記載されています。誰が取締役で代表権は誰が持つのかなど、取引を行う際に重要となる事項が、この役員区には記載されていますので、よく確認しましょう。

　株式会社には、取締役を1人以上置かなければなりません。ただし、取締役会を設置した会社では、取締役を3人以上置かなければなりません。株式会社の中には、代表取締役が設置されている会社といない会社とがあります。代表取締役が設置されていない会社では、役員区に取締役の氏名が登記され、さらに取締役全員について代表取締役という資格や住所・氏名が登記されます。一方、代表取締役が設置されている会社では、取締役の氏名が登記され、代表取締役である者のみについて住所・氏名が登記されます。この他、役員区には、監査役や会計監査人、会計参与を置いている場合に、これらの役員の氏名（会計監査人、会計参与が法人の場合は名称）が登記されます。

　また、役員区には住所・氏名の他に、それぞれの役員が役員となった原因（就任もしくは重任）と就任年月日、または退任原因と退任年月日が役員区に記載されています。

## ■ 健全な会社がどうかをチェックできる

　役員区に役員として掲げられているのは、代表取締役、取締役、監査役といった名称です。ここには、会長、社長、専務、常務などの名称は見当たりません。これら社長などの名称は世

**会計参与を置いた場合**

会計参与の氏名（名称）の他、計算書類等の備置場所も登記される。

**その他役員区に記載される事項**

会社の解散における清算人の氏名、代表清算人の住所、氏名や会社更生法による手続きが開始された合の管財人の住所・氏名なども役員区に記載されることになる。

## 役員区（登記事項証明書の記載）

| 役員に関する事項 | 取締役　　甲野太郎 | 令和２年１月２９日重任 |
| --- | --- | --- |
| | | 令和２年２月５日登記 |
| | 取締役　　乙野次郎 | 令和２年１月２９日重任 |
| | | 令和２年２月５日登記 |
| | 取締役　　丙野三津子 | 令和２年１月２９日重任 |
| | | 令和２年２月５日登記 |
| | 東京都世田谷区瀬田○丁目○番○号<br>代表取締役　　甲野太郎 | 令和２年１月２９日重任 |
| | | 令和２年２月５日登記 |
| | 監査役　　丁田史郎 | 令和１年１月２５日重任 |
| | | 令和１年１月２８日登記 |
| | 会計監査人　猪野監査法人 | 令和２年１月２９日重任 |
| | | 令和２年２月５日登記 |

間一般の俗称であって、法律上の正式な名称ではないからです。

取締役は、たとえば取締役会非設置会社では、原則として各自が会社を代表し、会社の業務を執行します。また、取締役会非設置会社で取締役が複数いる場合に、代表取締役を定めたときは、その代表取締役が会社を代表します。監査役は代表取締役、取締役が法律に沿った適正な業務を行っているかどうかを監督する役員です（監査役設置会社の場合）。

以下、株式会社の役員区の記載について、いくつか例をとって説明しましょう。

① **取締役**

・取締役会非設置会社

取締役会を設置しない会社では、最低１人の取締役がいれば足ります。代表取締役を置かない場合には、取締役各自が会社を代表します。

**取締役会非設置会社**

取締役会を設置していない会社。

**監査役**

監査役とは代表取締役、取締役が法律に沿った適正な業務を行っているかどうかを監督する役員のこと。

・取締役会設置会社

取締役会を設置する会社では取締役を３人以上置かなければなりません。

② **代表取締役**

・取締役会非設置会社

取締役会を設置しない会社では、代表取締役を置く必要はありません。代表取締役を置いた場合にはそれがわかるように登記され、代表取締役だけが会社を代表することになります。

・取締役会設置会社

取締役会設置会社では、必ず代表取締役を置かなければなりません。会社の業務執行は、代表取締役と業務を執行する取締役として選定された取締役が行います。

## ■ 役員区はここを見る

同じ会社であっても実際に経営を担当している役員によって、その会社の実力・信用性は格段に違ってきます。特に、中小企業では役員イコール会社ということになりますので、「誰と誰が役員か」「その役員がどのような人物なのか」については必ず把握しておかなければなりません。そこで役員区では特に下記の点に注意して調べることが必要です。

① **役員の変更登記がなされていない**

原則として、取締役の任期は約２年、監査役の任期は約４年です。役員が変わったときはもちろん、同一人物が再選された場合も、その選任の年月日を登記しなければなりません。そこでこの期間を過ぎても登記されず、放置されている場合は、しっかりした運営がなされているか疑わしい会社といえます。

ただし、非公開会社であれば、取締役と監査役の任期は約10年まで伸張することができますので、非公開会社で２年以上経過しているのに取締役の変更登記がなされていない場合には、可能であれば何らかの方法でその会社の役員の任期について調

**取締役会非設置会社の代表取締役**

取締役会非設置会社では、原則として各自が会社を代表し、会社の業務を執行する。ただし取締役が複数いる場合に、代表取締役を定めたときは、その代表取締役が会社を代表することになる。

**役員区に清算人の記載がある場合**

役員区に「清算人」や「破産管財人」の記載があるときは、会社としては事実上機能を停止しているので、新たに取引をすることはできない。

## 役員区の注意点

変更登記がされていない

変更登記が頻繁にされている

注意点

複数の役員の同時辞任

役員全員の同時変更

べてみたほうがよいでしょう。

### ② 役員が頻繁に変更されている

取締役の任期は、原則として約2年ですが、定款または株主総会の決議で短縮できます。そこで同一人物が2年間未満の期間で再選（重任）されている場合は、任期が短いのだなと推定できますが、短い期間で役員が頻繁に入れ替わっている場合、その会社は経営陣が安定していないか、会社の中で何らかのトラブルがある可能性が考えられます。

### ③ 複数の役員の同時辞任

複数の役員が同時に辞任した形跡がある場合も注意しましょう。②と同様に、内部トラブルの暗示です。複数の役員が同時期に辞任しているときは、特にその可能性が高いといえます。

### ④ 役員全員の同時変更

就任の時期が異なっているにもかかわらず、任期満了を待たずして役員全員が変更されているというのは不自然です。「乗っ取り」があったか、長く休眠していた会社を第三者が譲り受けて事業を新規に始めたかのどちらかが考えられます。

いずれにしても、実質的には別の会社になったと考えるべきなので、商号や目的の変更登記がなされているかどうかも調べてみるとよいでしょう。場合によっては、閉鎖事項証明書、閉鎖登記簿謄本なども調べる必要があります。

# 新株予約権区

新株予約権の内容が詳細に記載されている

## ■ 新株予約権とは何か

　新株予約権とは、この権利をもっている者が、行使期間内に株式会社に対して予約権を行使したときは、会社はその者に新株を発行するか、または新株の発行に代わって会社のもっている自己株式を交付する義務を負うことになる権利です。会社としては機動的な資金の調達ができ、一方、投資家としても値上がりによって発行価額より高い株式を手に入れることができるので、非常に利点のある制度です。

　新株予約権は単独で発行することも、社債と一体化して新株予約権付社債として発行することもできます。社債はいわば会社に対する債権が証券化されて自由に譲渡されるものです。お金を貸しているわけですから、低くても決まった利息は入ってきます。この安定した社債に新株予約権をつけることで、投資家が双方のメリットを同時に受けることができるようになっているのです。

　新株予約権は、予約権が行使されれば新しい株主が増えることになります。会社自体やすでにいる株主、取引相手にとっては知っておくべき重要な事柄です。そのため、新株予約権については、その内容についてかなり詳細に登記して公示することが義務付けられています。

## ■ 新株予約権の発行について

　新株予約権を募集によって発行する場合、次ページ図のような事項を決議します。また、その会社が公開会社か非公開会社

**社債**

会社法の規定によって会社が行う割当てにより発生する金銭債権で、募集事項の定めに従い償還されるもの。会社の資金調達のために発行される。

## 決議事項

| |
|---|
| 募集新株予約権の内容 |
| 新株予約権の数 |
| 募集新株予約権と引換えに金銭の払込みを要しないこととする場合には、その旨 |
| 募集新株予約権の払込金額またはその算定方法 |
| 募集新株予約権の割当日 |
| 募集新株予約権と引換えにする金銭の払込みの期日を定めるときは、その期日 |
| 募集新株予約権が新株予約権付社債に付されたものである場合には、会社法676条各号に掲げる事項 |
| 新株予約権を行使するための条件 |

か、有利発行かそうでないかによって、株主総会の特別決議、取締役会決議など必要な決議機関、決議要件が異なります。

なお、上図以外にも様々な事項の決議がなされる場合があります。

**有利発行**

株式や新株予約権を引き受けるものに特に有利な条件または金額で発行すること。

### ■ 新株予約権区の登記事項

新株予約権に関する事項は、新株予約権区に登記され、具体的には、たとえば次の事項が登記されます。

・新株予約権の数
・新株予約権の目的たる株式の数またはその数の算定方法
・新株予約権の行使に際して出資される財産の価額またはその算定方法など
・新株予約権を行使することができる期間
・その他の新株予約権の行使の条件
・会社設立後に発行する場合は、発行年月日

# 支店区や企業担保権区

支店を設置する場合には支店が登記される

## ■ 支店区は支店を設置している場合に作成される

支店を設けている会社は支店についても登記を行います。支店区には支店の所在地が記載されています。支店が複数ある場合には、数字の番号が記載され、各支店の所在地が記載されます（次ページ図参照）。

支店を設置した場合、登記簿は本店所在地の管轄法務局だけでなく、支店所在地の管轄法務局にも設置されています。

ただし、支店所在地の法務局には、商号、本店所在地、会社設立の年月日、支店所在地（その所在地を管轄する登記所の管轄区域内にあるものに限定されるため、他管轄の支店については記載されません）しか登記されていないので、詳しい登記内容を調べるには、本店所在地の法務局での登記内容を調べる必要があります。

## ■ 企業担保権区とは

株式会社が企業として事業を行うためには資金が必要です。

資金を集める方法は様々ですが、株式を発行して出資者を募る方法が中心的な方法です。しかし、それ以外にも資金を調達する手段として、「社債」の発行が行われます。社債とは、会社に対する債権が証券の形となって譲渡しやすいようになっている権利です。普通、事業資金を借りる場合、特定の銀行などから借りますが、社債を発行することで広く世間一般から簡易に資金を借りることができます。

社債と株式の決定的な違いは、社債はあくまでも借金だとい

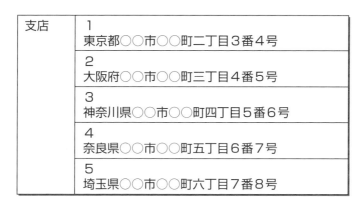

### 支店区（登記事項証明書の記載）

| 支店 | 1<br>東京都○○市○○町二丁目3番4号 |
|---|---|
| | 2<br>大阪府○○市○○町三丁目4番5号 |
| | 3<br>神奈川県○○市○○町四丁目5番6号 |
| | 4<br>奈良県○○市○○町五丁目6番7号 |
| | 5<br>埼玉県○○市○○町六丁目7番8号 |

うことです。銀行などから借金をするとき、多くは会社がもっている不動産に抵当権を設定するなど担保を差し出します。

社債を発行する場合は、担保を提供する場合と担保を提供しない場合とがあり、担保がついている社債を担保付社債、ついていない社債を無担保社債といいます。担保付社債の場合、会社の総財産が一体として担保の目的になります。この担保権のことを企業担保権といいます。

担保付社債の債権者は、一般の債権者に優先して会社の財産全体から返済してもらうことができます。ただ、会社財産に対して競売が行われたときは、例外的に優先的な返済を受けられなくなります。

企業担保権は影響力が強いので、公正証書によって契約を結んだ上、登記をしなければ効力が生じません。公正証書とは公証役場で公証人によって作成されて承認された証明力の強い書類です。この企業担保権が記載されているところが「企業担保区」です。

**競売**

債務者の財産を強制的に売却し、売却代金を債権者に配当すること。

**公正証書**

公証人によって作成された公文書。一定の要件を満たせば、裁判所の判決なしで強制執行をすることもできる。

# その他の区や合名・合資会社の登記簿

## 取締役会設置会社である旨は会社状態区に記録される

### ■ 会社状態区には会社の存続についての情報も記載されている

登記簿には、会社状態区という区があります。「会社状態区」とは、その名のとおり、会社の状態を記録している区で、登記事項証明書の最後のほうに記載されています。具体的には、「存続期間の定め」「解散の事由の定め」「取締役会設置会社である旨」「設立の無効」「特別清算に関する事項」などが記載されます。大まかに言って、会社状態区に記載される事項は、他の区に劣らず、株主や会社債権者にとって重要な事項といえます。

### ■ 登記記録区とは

登記事項証明書を見ると、登記記録を起こした事由などが記載されている箇所があります。この部分を「登記記録区」といいます。具体的には、①登記記録を起こした事由、②登記記録を閉鎖した事由、③登記記録を復活した事由、などが記録されることになります。

### ■ 合名・合資会社の登記簿のチェックポイント

合名会社の各社員は、会社債権者に対して直接に無限の連帯責任を負っています。これを直接無限責任といいます。つまり、株式会社ではたとえ会社が負債を負って倒産しても株主はその負債を返済すべき義務はないのに対し、合名会社の社員は、会社が負っている債務の範囲内で、その個人財産で限度なしに負債の全額を直接返済しなければならないことになります。

一方、合資会社はこの無限責任社員の他に出資価額を限度と

## 会社状態区（登記事項証明書の記載）

| | | |
|---|---|---|
| 取締役会設置会社に関する事項 | 取締役会設置会社 | 平成17年法律第87号第136号の規定により平成18年5月1日登記 |
| 監査役設置会社に関する事項 | 監査役設置会社 | 平成17年法律第87号第136号の規定により平成18年5月1日登記 |
| 監査役会設置会社に関する事項 | 監査役会設置会社 | 平成18年8月25日登記 |
| 会計監査人設置会社に関する事項 | 会計監査人設置会社 | 平成18年8月25日登記 |

## 登記記録区（登記事項証明書の記載）

設立した場合

| 登記記録に関する事項 | 設立 | |
|---|---|---|
| | | 平成○○年○月○日登記 |

清算終了の場合

| 登記記録に関する事項 | 平成○○年○月○日清算終了 | 平成○○年○月○日登記 |
|---|---|---|
| | | 平成○○年○月○日閉鎖 |

して責任を負う有限責任社員もいる会社です。

　合名会社・合資会社と取引をする場合は、この無限責任社員が誰で、どの程度の資産を持っているかが重要な関心事になります。そのため、合名会社では社員全員の、合資会社では無限責任社員の住所と氏名を登記すべき事項としています。

　また、法人も合名会社や合資会社の無限責任社員となることができます。法人が無限責任社員である場合、社員たる会社の本店所在地、商号（会社名）が登記される他、その会社の無限責任社員としての職務を行う者の住所・氏名が登記されます。

**無限責任社員の確認**

合名会社、合資会社の登記簿をチェックする際には、無限責任社員がどこに住んでいる（どこに本社を置いている）誰（どういう会社）なのかという点に注意する必要がある。

# 登記内容の調べ方①

登記事項要約書を取得する

## ■ 登記の内容はどうやって調べるのか

　現在では、法務局のすべてがコンピュータ化されています。つまり、登記簿は磁気ディスクで作成されていますので、登記簿を直接見て登記の内容を調べることはできません。そのため、登記簿を閲覧する代わりに登記事項要約書の交付を受けることで、登記の内容を調べます。

　しかし、登記事項要約書は登記の内容を証明するものではありませんので、証明書がほしい場合には、履歴事項全部証明書、現在事項全部証明書などの登記事項証明書を取得します。

## ■ まず管轄法務局を調べる

　登記事項要約書は、どの法務局でも取得できるわけではありません。調べたい会社を管轄している法務局でなければ、その会社の登記事項要約書は発行されません。まずは管轄の法務局を調べてみましょう。

　その後、管轄する法務局に行って登記事項要約書交付の申請をします。法務局に据え置かれている登記事項要約書申請用紙に自分の住所、氏名、取得したい会社の商号、本社所在地、法人番号などを記入し、必要事項をチェックして窓口に提出します。

　なお、登記事項要約書交付の手数料は1通当たり450円で、手数料は収入印紙（登記印紙）を申請書に貼って納めます。

## ■ 請求できるのは「3つの区」まで

　登記事項要約書を請求する際に注意してほしいことは、登記

**現在事項証明書**
登記記録に記録されている情報のうち、現在において効力のある登記を記載した書面を「現在事項証明書」という。
現在効力のある登記の全部を証明した書類が「現在事項全部証明書」である。

## 登記事項証明書と登記事項要約書の違い

| | 登記事項証明書 | 登記事項要約書 |
|---|---|---|
| 証明用の使用の可否 | 可能 | 不可能<br>※登記事項要約書には登記官の認証文と証明日付の記載がないため証明用に使用することはできない。 |
| 申請場所 | 最寄りの法務局 | 取得したい会社の本店所在地を管轄する法務局 |
| オンラインによる申請 | 可能 | 不可 |
| 手数料 | 1通600円 | 1通450円 |
| 記載事項 | 履歴事項証明書であれば、現に効力を有する事項等に加え、過去の役員や商号なども記載されている。 | 現に効力のある事項しか記載されず、商号・名称区と会社・法人状態区を除き、1通で請求できる区は3個までと制限がある。 |

簿の区のうち、3つの区までしか請求できないということです。つまり、株式・資本区、目的区、役員区、支店区の4つの区が載った登記事項要約書がほしいと思っても、1通の登記事項要約書では不可能であり、この場合は、登記事項要約書2通を請求しなければならないことになります。

　商号・名称区と会社・法人状態区は、特に請求しなくても登記事項要約書に記載されます。つまり、株式・資本区、目的区、役員区の3つの区の登記事項要約書を申請すると、これら3つの区に加えて商号区と会社状態区が記載された登記事項要約書を取得できることになります。

　なお、4つ以上の区が記載された登記事項要約書を取得すると、その手数料は2通で合計900円となります。

　一方、現在事項全部証明書はすべての区について記載され、手数料は600円ですので、通常は4つの区以上について調べたい場合には、現在事項全部証明書を申請したほうがよいでしょう。

# 登記内容の調べ方②

登記事項証明書を取得する

## ■ 全部事項証明書は３種類ある

登記事項証明書には、大きく分けて全部事項証明書と一部事項証明書、代表者事項証明書があり、全部事項証明書と一部事項証明書にはそれぞれ３つの種類があります。３種類の全部事項証明書は、それぞれ記載されている内容が異なります。調べたい内容に応じて交付を申請します。

### ① 現在事項証明書

商号や本店の所在地以外は現在の登記事項しか記載されていない証明書です。会社の過去、つまり抹消された事項については記載されていません。したがって、これからその会社と取引に入ろうとする人が信用調査をする場合には、この証明書では資料としては不十分です。

むしろ、自分の会社が何かの手続きをする場合に添付すべき書類として使用するのに向いているといえます。

### ② 履歴事項証明書

現在有効な登記内容の他に、過去３年間にすでに抹消された事項についても記載されている証明書です。過去３年間とは、厳密に言えば、交付を申請した日の３年前の年の１月１日以降ということになります。履歴事項証明書を参照すれば、変更された商号や目的、退任した取締役・監査役などの役員の氏名を知ることができます。そのため、信用調査という目的には最適です。

### ③ 閉鎖事項証明書

会社が解散したり管轄の外へ本店を移転した場合などは、登

**登記事項証明書**

登記簿に記録されている事項を証明した書面のこと。

**履歴事項全部証明書**

サンプルについては巻末244ページ参照。

**会社の解散**

会社としての活動を止めて、財産関係を清算する状態にすること。

## 登記事項証明書の内容

| 現在事項証明書 | 現在の登記事項しか記載されていない証明書 |
|---|---|
| 履歴事項証明書 | 現在有効な登記内容の他に、過去3年間にすでに抹消された事項についても記載されている証明書 |
| 閉鎖事項証明書 | 閉鎖した登記記録に記録されている事項に関する証明書 |
| 代表者事項証明書 | その会社の代表権がある者を証明した証明書 |

記の記録が閉鎖されることになります。それでも、その会社について調べることができるように交付されるのが、閉鎖事項証明書です。

　また、3年前の1月1日以前の履歴について調べたいときには、この証明書を利用します。

### ■ 一部事項証明書とは

　一部事項証明書とは、従来の登記簿抄本に代わるもので、商業登記簿の中の一部の区だけを記載した証明書です。株式・資本区、目的区、役員区、支店区、支配人区などの各区から必要なものにチェックを入れて請求します（商号区と会社状態区は特に請求しなくてもすべての一部事項証明書に記載されます）。

### ■ 代表者事項証明書とは

　代表者事項証明書とは、その会社の代表権がある者について証明した登記事項証明書です。代表権ある者の職名（取締役、代表取締役など）、住所、氏名が記載されています。登記申請や訴訟の場合など、誰が代表権を持っているかを証明しさえすればよい場合に、この証明書を取得します。

**一部事項証明書**

一部事項証明書にも、全部事項証明書と同様、履歴事項証明書、現在事項証明書、閉鎖事項証明書の3種類がある。

# 履歴事項証明書の活用

## 過去３年間の登記情報がわかる

### ■ 過去の調査は取引上重要である

　商売をしていると様々な取引相手と出会います。もともとの知人、知人の紹介、信用のある有名な会社などの場合はそれほど神経質になる必要はありませんが、見ず知らずの会社と新規に取引を始めるときなどは、その会社がどのような会社かよく知っておくことは重要です。そのために、登記制度は用意されています。特に、初めての取引相手については、過去にまでさかのぼってどのような会社であるのかを調べておくのが無難だといえます。

　そのため、これから取引を始める相手が見知らぬ会社である場合は、履歴事項全部証明書の交付を受けると、かなりの情報を手に入れることができるわけです。

　ここに記載されている登記履歴は、交付を申請した日の３年前の年の１月１日以降のものですが、その間の履歴でも記載されていない場合があります。大きく分けて次の２つの場合があります。

### ① 管轄の法務局が途中でコンピュータ庁になった場合

　会社が設立されて登記もされた後になってから、管轄の法務局がコンピュータ化されるということはよくあります。その場合には、履歴事項全部証明書に記載されているのは、コンピュータ化の時点で効力をもっている事項だけになります。そのため、コンピュータ化される以前に抹消された登記事項については記載がなされていません。

　もし、それ以前の抹消された登記事項についても調べてみた

**履歴事項全部証明書**
履歴事項全部証明書には、会社の過去の登記履歴まで記載されている。履歴事項全部証明書には現在の会社の状態だけではなく、過去に変更された商号・目的、退任した取締役・監査役なども記載されている。

## 取引先の具体的な調査方法

まずは履歴事項全部証明書を調べる
→ 3年前の1月1日以降の登記情報がわかる

・3年前の1月1日より前の情報を知りたい
・解散や吸収合併によって消滅した会社について調べたい

閉鎖事項証明書を調べる
→ 3年前の1月1日より前の登記情報、消滅した会社の登記情報がわかる

コンピュータ化される前の登記について知りたい

閉鎖登記簿を調べる
→ コンピュータ化される前の登記情報がわかる

いときは、閉鎖登記簿に記載があるので、閉鎖登記簿謄本の交付申請をすることになります。

② 他の管轄から本店が移転してきた場合

会社が本店の所在地を変更して、しかもその所在地を管轄する法務局が異なるときは、履歴事項全部証明書には移転後の登記事項しか記載されていません。

ですから、移転前の会社の状態まで調べたい場合には、以前の所在地を管轄する法務局まで行って、閉鎖事項証明書の交付を申請することになります。なお、移転前の本店所在地は登記記録に関する事項に記載されています。

**登記記録**

登記簿の中身あるいは内容のこと。

# 閉鎖事項証明書の活用

閉鎖されてから20年までが限度

## ■ 閉鎖事項証明書を取り寄せる

　履歴事項証明書に記載されているのは３年前の１月１日以降の登記事項だけです。しかし、会社の歴史が古く、以前はどのような状態であったかどうかをもっと調べたいときも実際にはよくあります。また、すでに解散してしまったり吸収合併によって消滅してしまった会社についても、調査の必要性が生じることがあります。

　そのようなときには閉鎖事項証明書の交付を申請して、その交付を受けて登記事項を調べます。

　ただ、法務局がコンピュータ化されたのは最近になってからなので、コンピュータ化される前の登記事項について調べたいときは、「閉鎖登記簿謄本」の交付を申請することになります。

## ■ 閉鎖された登記用紙の調査について

　法務局がコンピュータ化される前に登記された事項について調べたいときは、「閉鎖登記簿」の謄本・抄本の交付を受けます。では、ここでいう「閉鎖」とは具体的にどのようなことなのでしょうか。

　バインダー式またはファイル式の登記簿、つまり紙の登記簿では「商号・資本欄」「目的欄」「役員欄」など登記すべき項目別に「欄」が設けられています。そして、これらの事項について会社で変更が生じて、それが申請されると欄への記載も変更されます。

　まず、商号が変更されると古い商号が朱色の線で抹消されて、

## 登記簿のここに注意する

| 1. | 頻繁に商号変更、本店移転していたら要注意 |
|---|---|
| 2. | 会社成立の年月日が不自然に古い場合は気をつける |
| 3. | 頻繁に事業目的、役員の変更がある場合は要注意 |
| 4. | 資本が減少している場合は気をつける |
| 5. | 任期を過ぎているのに役員変更登記がなされていない場合は要注意 |

その下の部分に新しい商号が記載されます。これは閉鎖にはあたりません。次に、目的や役員全員が変更されるとそれぞれの欄が閉鎖されて新しい登記用紙が作成されることになります。この登記用紙の左下には「○丁」という文字が記載されています。これは登記用紙が閉鎖されて何枚目になるかを示しているものです。

たとえば、役員の変更に伴いその申請がなされて、それまでの役員が記載されている役員欄が「3丁」だとすると、閉鎖後の新しい登記用紙は「4丁」となります。登記簿のこの部分を参照すると、もっと以前までさかのぼる必要があるのかどうかを判断することができることになります。

ただ、この閉鎖された登記用紙はいつまでも保存されているわけではなく、閉鎖された日から20年が限度となっています。注意してください。

### ■ 会社の歴史を知るには

見知らぬ会社の現在の様子やこれまでの履歴については、登記を調べることによってある程度のことは把握することができます。ただ、登記の調査では限界があります。必要に応じて信用調査機関などを利用すべきでしょう。

**役員**

会社の業務や監査を行う者。会社法では、取締役、監査役、会計参与をいう。なお、役員等という場合には、会計監査人も含む。

# インターネットを使った登記内容の調べ方

............

## 登記情報提供サービスを利用する

### ■ インターネットによる情報提供が行われている

　登記を申請すると、申請された内容はコンピュータ化された登記簿に記録されることになります。これらの電子的に記録された内容を会社ごとに書面として発行したものを登記事項証明書といい、従来の登記簿謄本や抄本と同一の効力があるものとされています。

　現在すべての法務局がコンピュータ化されたため、調べたい会社の管轄法務局まで行かなくても最寄りの法務局で登記事項証明書を取得することができます。ただし、コンピュータ化される以前に閉鎖された登記簿や、コンピュータに移行されていない登記簿の謄本、抄本については当該会社の本店または支店を管轄する法務局でしか取得することはできません。

　この他、登記事項証明書を取得する方法としては、郵送による交付申請や、またはインターネットを利用したオンラインによる送付請求などがあります。

　しかし、場合によっては、今すぐあの会社の登記簿の内容を知りたい、ということも決して少なくはないでしょう。多くの場合、インターネットを通じて登記簿の内容を知ることができます。インターネット登記情報提供サービスというものを利用して、登記内容を調べることができるのです。ただし、このサービスはあくまでも会社等の登記簿の内容をコンピュータ上で見たり、その内容をプリントアウトできるだけであり、登記事項証明書のような証明書にはなりませんので、注意が必要です。

　なお、情報量が３メガバイトを超える登記情報は提供サービ

**利用時間の制限**

インターネット自体には時間制限はないが、情報提供サービスには時間制限がある。利用時間は平日の午前8時30分から午後9時までで（メンテナンスのために、一部の登記所では午後5時15分以降利用できないことがある）、土日祝祭日と年末年始は利用できない。なお、午後9時を過ぎると切断されるので、余裕を持ってアクセスしたい。

**手数料**

情報提供サービスの手数料については下記のとおり。
・登録料
個人300円、会社などの法人740円。
・情報提供の請求
1件ごとに337円

## 登録手続き（法人の場合）

**法人（会社）の場合**

インターネット登記情報提供サービスのホームページにアクセスする。(http://www1.touki.or.jp/)

▼

「登記情報提供サービス法人利用申込書」を印刷する。

▼

申込書に必要書類を添付して「財団法人民事法務協会」あてに郵送する。

▼

3～4週間後に民事法務協会から「登録完了通知書」が送付されてくる。

▼

再度、インターネット登記情報提供サービスのホームページにアクセスして「与信確定処理」を行う。

スの対象外です。

### ■ 民事法務協会に申込み手続きをする

インターネットを通じての登記情報の請求は、通常、利用者登録をして行い、登録には上図のような手続きが必要になります。

上図の手続きが終了すると、登記情報の提供を請求することができるようになります。具体的には、利用者IDとパスワードを入力してログインし、会社の商号・本店所在地を入力することで請求します。

なお、前述した利用者登録をしての利用以外に住所、氏名、クレジットカードの番号などを入力することでこのサービスが利用できる「一時利用」という方法もあります。詳しくは、以下のサイトを参照してください。

http://www1.touki.or.jp/

**支払方法**

個人の場合はクレジットカードによって、法人の場合は銀行口座からの引落しによって支払うことになる。

# Column

## 各区を読む際の注意点

　商業登記簿は、会社に関する大切な情報を公開することで、その会社と新しく取引に入ろうとする者が安心して契約締結などをすることができるようになるための制度です。もちろん、商業登記簿だけで会社のすべてが明らかになるわけではありません。ただ怪しい会社、危険な状態にある会社には共通する事柄がよくあります。そして、その共通する事柄の「サイン」ともいうべきものを見逃さないようにしましょう。商号区について、以下の点に注意してください。

　まず、商号については、人でいえば名前にあたるものですから、変更される場合には注意が必要です。会社が発展しているときや、会社の業績が好調で規模を拡大したり、新規参入をしたときに商号を変えることがよくあります。また、発展的な合併や組織変更をするときにも、商号が変えられることがあります。他方において、商号を変更して過去を隠す場合があります。登記簿上は会社が残っていても、実際のところは営業などを一切行っていない休眠会社を安く買い取って詐欺的商法を行い、危なくなった場合にそのまま行方をくらましてしまう会社があるので、注意しなければなりません。

　次に商業登記簿には、本店の所在地も記載されていますが、会社の営業が好調で安定しているときは、本店の所在地はそう簡単に変えられません。しかし商号と同様で、本店所在地を変えることで会社の過去を隠そうとする場合もよくあります。同じ本店所在地で商号だけ変えている場合に比べると、そのような会社ははるかに危険性の高い会社といえます。

　そして、会社成立の年月日は、変更できませんので、その会社がどれだけの期間続いてきたかがわかります。ただし、違法な目的をもって過去に設立された休眠会社をそのまま譲り受けて利用している会社もあるので、単に歴史が古いだけで信用することは危険です。

# PART 3

# 登記申請の仕方と
# 添付書類

# 申請手続きの流れ

## 郵送での申請もできる

### ■ 登記申請の流れ

　登記は、書面を法務局に提出するか、インターネットを利用してオンラインで申請します。ここでは、おもに書面による申請について解説しましょう。

　書面による申請の場合、申請書を作成するとともに、添付書類を集めるか作成しなければなりません。添付書類は、登記の種類により異なりますので注意が必要です。

　申請書が完成し、添付書類を準備した後に、必要な収入印紙を購入し（あるいは登録免許税を現金で納付して）、管轄の法務局に行くか、郵便で管轄の法務局に送ります（法務局は登記所と同じ意味であり、地方法務局や支局、出張所もこれに含まれます）。法務局に行く場合、登記申請の受付は、平日の午前8時30分から午後5時15分までですので注意が必要です。

　法務局へ行った後に、再度申請書の記載内容を確認して、設置されている申請箱に提出します。登記官は申請の順番に書類の審査を行いますので、複数の登記申請を一度に行う場合は、入れる順番にも気をつけてください。

　なお、申請書を申請箱に入れるのではなく、直接、窓口の職員に手渡す方式の法務局もあります。

　一方、郵送で申請を行う場合は、申請書類一式を普通郵便で送ってもかまいませんが、到達したことが確認できる書留やレターパックで送るのが無難です。

**書面申請**

申請情報を記載した書面（申請情報を記録した磁気ディスクを含む）に、添付情報を記載した書面（添付情報を記録した磁気ディスクを含む）を添付して法務局に提出して行う申請方法のこと。
直接、管轄法務局へ持参して行う方法の他、管轄法務局宛に書面を送付して行うことも可能。

**添付書類**

登記の申請書に添付して提出する書面のこと。株主総会や取締役会の議事録、代理権限証書などが添付書類になる。

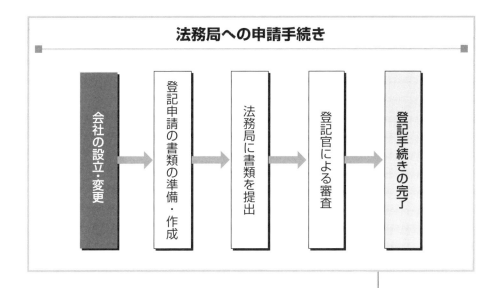

## 法務局への申請手続き

会社の設立・変更 → 登記申請の書類の準備・作成 → 法務局に書類を提出 → 登記官による審査 → 登記手続きの完了

## ■ 申請書に間違いがあったときは

申請書類を提出しても、すぐ審査が行われるわけではありません。早い場合にはその日のうちに申請書や添付書類の審査が行われますが、通常は数日後に行われると考えてよいでしょう。申請書に間違いがあった場合、もしその間違いが訂正可能なものであれば、通常、補正で対応できます。つまり、訂正印を使用して、間違ったところを訂正したり、あるいは削除したり、追加したりするわけです。

法務局によって多少の違いがありますが、通常は間違いがあった場合に備えて登記申請書に連絡先の電話番号を書かせ、補正の必要があった場合には連絡する、というシステムをとっています。

また、郵送で申請した場合には、補正の必要があることを電話等で知らされます。この場合、郵便を使って補正することもできますし、直接法務局に行って補正することもできます。

なお、直接法務局に行って申請書を提出したり、オンラインで申請した場合でも、郵送で補正することができます。

> **補正**
>
> 登記の申請書や添付書類などに不備がある場合に、それを当事者が是正すること。登記官が定めた相当の期間内にしなければならない。

# オンライン申請

## ■ オンライン申請とは

会社の登記の申請は会社の代表者が行うのが原則です。代理人が申請する場合には、会社の代表者印を押印した委任状の添付が必要になります。

登記申請の方法には、①書面申請の他に②オンライン申請、③登記事項だけを先にオンラインで申請し、その後書面申請を行うオンラインによる登記事項の提出という方法があります。

オンライン申請とは、申請人（または代理人）が申請情報や添付情報をインターネットによって法務局に送信する方法です。オンライン申請は正式には（商業登記規則の条文上は）電子申請といいますが、一般には「オンライン申請」という言い方もよく使われているので、本書では以後この呼び方を使うことにします。

現在、商業登記および法人登記については、営業所の所在地を管轄するすべての法務局でオンライン申請をすることができます（不動産登記についても同様に可能です）。

オンライン申請を行った場合、補正や取下げは、書面による他、オンラインでも行うことができます。なお、これまでは設立登記等、印鑑の提出を要する登記申請については、別途、印鑑届出書を管轄法務局の窓口へ提出または送付する必要がありましたが、商業登記法改正により、印鑑届出義務は廃止されたことで、オンラインで申請すれば印鑑届書の提出は不要です。

## ■ オンラインによる登記事項の提出

前述した③の「オンラインによる登記事項の提出」とは、申

**法人登記**

法人に関する登記のこと。会社の他に公益法人や学校法人などがある。

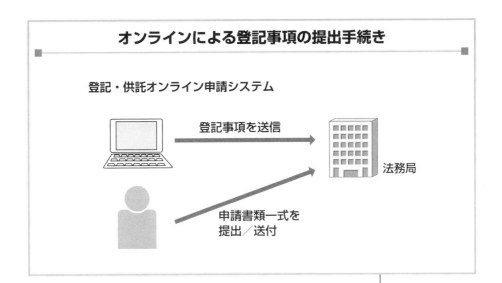

## オンラインによる登記事項の提出手続き

登記・供託オンライン申請システム

登記事項を送信

法務局

申請書類一式を
提出／送付

請用総合ソフトを利用した申請方法のことです（オンライン提出方式ともいいます）。これは書面申請の一種で、登記・供託オンライン申請システムを利用してあらかじめ登記事項を送信し、その後、申請書類一式を管轄登記所へ提出または送付することで登記申請を行う方法です。

　書面申請のように登記すべき事項を記録した磁気ディスクを提出する必要はなく、申請用総合ソフトで簡単に申請書（登記事項提出書）を作成でき、オンラインによって受付番号や補正、登記完了等のお知らせを受けることができるというメリットがあります。また、オンライン申請のように電子署名や電子証明書の送信は不要です。

　さらに、登記事項について送信した申請内容に誤りがあった場合には、法務局へ申請書を提出または送付する前であれば、何度でも再送信が可能です。

　なお、オンライン申請とは異なり、補正や取下げは書面で行う必要があります。

**電子証明書**

電子情報の作成者を証明するための情報。書面に行う署名や実印の押印の代替手段として、オンライン申請をする際に電子署名が採用される。

# 登記申請書の作成

## 書類をそろえて管轄の法務局に提出する

### ■ 登記は誰がどこに提出するのか

会社の登記については、本店（本社）の所在地の法務局が管轄になりますから、会社を設立したり変更登記をする場合には、まず、本店（本社）の所在地の法務局に行くことになります。

申請は、当事者（会社の場合は代表者）が申請するのが原則ですが、司法書士などの代理人による申請も認められています。

法務局に備えられている登記簿に、登記事項を記載してもらうには、登記申請の手続きを行わなければなりません。登記申請は、「登記申請書」という書類に一定の付属書類を添付して、所定の登録免許税を納めることによって行います。会社設立の場合は、法務局に登記簿はありませんので、登記申請は新規に登記簿を作成してもらう手続きだといえます。

登記の申請を行うと、1、2週間ほどで登記が完了します。書類に不備がある場合、その不備が軽微であれば補正を行い、補正できないような大きなミスなどの場合は申請を取り下げなければなりません。このため、商業登記法などの法令に基づいた正しい申請を行うことが大切です。

登記には役員変更のように比較的簡単にできるものから、細かい法律知識を要するものまであります。難しいと思われる登記については司法書士などの専門家に相談するとよいでしょう。

### ■ 登記申請書の作成はこうする

登記申請書の用紙については法律で特に定められていませんが、実務上はＡ４判サイズの紙を用い、横書きにします。記入

**登記申請書**

登記を申請する場合に、登記の事由や登記すべき事項を記載して提出する書面。申請書は横書きで記載し、申請書に記載すべき登記事項は区ごとに整理して作成しなければならない。

**管轄**

支配する範囲のこと。たとえば、その地域の申請者は、その地域の申請を担っている機関に申請しなければならない。

**補正**

登記の申請書や添付書類などに不備がある場合に、それを当事者が是正すること。登記官が定めた相当の期間内にしなければならない。

## 登記申請書の記載事項の例

```
1. 商号　○○株式会社
1. 本店　東京都新宿区新宿○丁○番○号
1. 登記の事由　商号変更
1. 登記すべき事項　令和２年６月６日商号変更
　　　　　　　　　　商号　○△株式会社
1. 登録免許税　金３万円
1. 添付書面　株主総会議事録　１通
　　※以下、申請年月日と申請人を記載し押印する
```

にはパソコンを使用するか、手書きの場合は黒のボールペンな
どを使用します。文字は崩さず楷書できちんと書きましょう。

　まず「商号」と「本店」を記載します。商号を記載する際に
（株）と省略したり、本店を記載する際に何丁目何番何号をハ
イフンでつないだりせず、正しく表記しなければなりません。

　次に「登記の事由」「登記すべき事項」を記載します。登記
の事由としては、「商号変更」「本店移転」など、何の登記をす
るのかを記載します。登記すべき事項の欄には、たとえば「商
号○○株式会社　令和○年○月○日変更」などと記載します。
また登記事由によっては「別添CD-Rのとおり」などとして、登
記すべき事項を記録したCD-Rなどを提出することもできます。

　さらに「登録免許税」（場合によっては「課税標準金額」も
記載する）、「添付書類」を記載し、「上記のとおり申請します」
という文言を書き入れます。

　最後に申請年月日と申請人（会社の場合は会社の本店、商号、
代表取締役の住所・氏名）を記載し、氏名の後に申請人が法務
局に届け出てある印鑑を押印します。

　法務局によっては、登記申請書の上部などに申請人（または
代理人）の連絡先を書かせる場合があります。詳しくは管轄法
務局で聞いてみてください。

**登記すべき事項**

登記簿に記録すべき事項のこと。会社の種類によって登記すべき事項は異なる。

**登録免許税**

会社などの登記等について課税される税金のこと。資本金の額に一定の税率を乗じることになっているものや、申請件数に応じて定額になっているものがある。

# 申請書の記載方法

CD-Rに記載して提出することもできる

## ■ 書面申請の場合は代表者印を登録する

代表者印とは、会社の本店（本社）所在地を管轄する登記所に登録されている会社代表者の実印（会社の実印）のことです。

従来は、会社の代表者は法律上必ず登記所に印鑑を登録することが義務づけられていたため、会社の設立登記申請時には、会社の代表者印を届け出る必要がありましたが、商業登記法の改正により、会社の代表者印の届出は任意とされ、登記所が会社の代表者に対して発行する電子証明書（商業登記電子証明書）を使用する場合は、印鑑届書を提出する必要がなくなりました。そのためオンラインで会社の設立登記を申請した場合は、別途印鑑届書の提出は不要となります。なお、書面で申請する場合は、従来通り印鑑届書の提出は必要となります。

## ■ 申請書の記載方法は定型化されている

登記申請書の書き方や様式については、特に法律上の決まりがあるわけではありません。しかし、法務局では毎日、膨大な数の登記申請を受け付けています。書き方や様式が統一されていなければ、事務処理に支障が出て、迅速な登記手続きができません。そこで、記載の仕方は定型化されています。

登記すべき事項は、申請書に記載できる場合は、直接記載し、内容が多い場合には、登記すべき事項欄に「別添CD-Rのとおり」と記載し、登記すべき事項を記録したCD-Rなどの磁気ディスクを提出します。また、登記・供託オンライン申請システムを利用して登記すべき事項を送信することもできます（電子署

**代表者印**
会社の実印で会社名と
肩書きの入った印鑑。

**印鑑届書**
記載例については巻末
245ページ参照。

**用紙の大きさ**
A4サイズの用紙を使用する。A4判の白紙に自分で必要事項を書いてもよく、基本的な事項が記載された登記申請用紙を文房具店、事務用品店などで買い求め、そこに必要事項を記入していってもよい。

## 登記・供託オンライン申請システムの利用手順

申請用総合ソフトをダウンロード
(http://www.touki-kyoutaku-net.moj.go.jp/download.html)

↓

登記事項提出書を作成・送信

↓

登記申請書の作成

↓

登記申請書を管轄登記所へ提出または送付

---

名または電子証明書の送信は不要)。この場合は登記すべき事項欄に「オンラインにより提出済み」などと記載します。

磁気ディスクを提出する場合は、CD-R、DVD-Rなどを使用します。

入力は、すべて全角文字、文字フォントは、「ＭＳ明朝」または「ＭＳゴシック」を使用します。タブや特殊文字は使用せず、ファイルは、テキスト形式で記録します。

ファイル名は、「(任意の名称).TXT」で保存します。またフォルダは、作成しないようにしましょう。また、磁気ディスクには、法人の商号・電話連絡先を記載します。

### ■ 文字を訂正する場合

文字を訂正する場合は、訂正前の文字が読めるようにその原形を残しておくことになっています。

そこで訂正の方法は、用紙の左側か上部の余白に、「何字加入、何字削除」というように記載し、その箇所に申請人である会社代表者(代理人によって申請する場合は代理人)が押印するという形がとられます。

> **記載方法**
>
> 登記申請書は、通常、横書きで作成する。これに合わせて添付書類も横書きで作成したほうが、後でチェックする際に見やすく、また登記官も見やすい。文字は、正確に、誰にでも読めるようにはっきりと書く。金銭その他の物の数量、年月日を記載する場合には、算用数字が使用できる。

# 申請書類のとじ方

申請書が2枚以上になるときは契印をする

## ■ 登記申請書類のとじ方

登記申請書は、通常、Ａ4判の紙の片面（表面）のみに必要事項を横書きで記載して作成します。①登記申請書、②登録免許税納付用台紙、③添付書類、の順にホチキスなどを使って左とじにするのが一般的です。添付書類は、登記申請書の「添付書類」欄に記載した順にとじればよいでしょう。「登録免許税納付用台紙」は、登録免許税を現金で納付した場合の領収書または収入印紙で納付する場合の収入印紙を貼りつける用紙です。これは必ずしも必要というわけではなく、申請書のスペースが空いているところに収入印紙を貼ってもかまいません。

申請書と登録免許税納付用台紙の間には会社届出印で契印をします（代表者本人が申請する場合）。また、申請書が2枚以上にわたる場合も、申請書の各ページの間にも契印が必要です。

「印鑑届書」は添付書類ではないので登記申請書にクリップでとめて提出するだけでかまいません。

**契印**

複数のページからできている書類などを、すべてが一体の書類であることを示すために、とじ目などをまたいで押印するもの。

## ■ 登記の申請後に補正がある

申請書類はその場でいったん受け付けられますが、その後担当官が詳しく内容を審査して書類の記載に不備が見つかった場合には、それを補正するように求められます。提出された登記申請書の申請人、受付年月日、受付番号、登記の種類は受付簿に記載されます。後日、法務局で補正の有無を確認しましょう。補正は、登記申請に不備がある場合にそれを訂正したり補充したりする作業です。

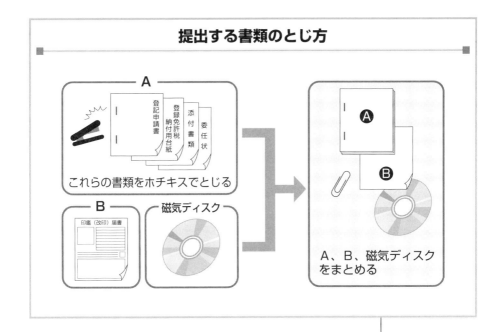

# 提出する書類のとじ方

**A**

登記申請書
登録免許税納付用台紙
添付書類
委任状

これらの書類をホチキスでとじる

**B**

印鑑（改印）届書

磁気ディスク

A、B、磁気ディスク
をまとめる

---

　補正の有無を知る方法は、法務局によって多少の違いがあることが考えられますが、通常は、登記申請書に連絡先の電話番号を書かせ、補正の必要がある場合には連絡する、というシステムをとっているところが多いといえるでしょう。

　補正のために法務局に出頭するときには、訂正用の筆記用具と印鑑を持参しましょう。通常、不備がある箇所に付箋が貼られた申請書を渡されますので、どんな間違いがあったか、どこをどう直せばよいかを確認し、補正します。万一、不備がひどく補正できないような場合には、申請の取下げをせざるを得ないこともあるでしょう。

　なお、補正は郵送でもできます。郵送で申請した場合はもちろんのこと、法務局に直接行って申請書を提出した場合、オンラインで申請した場合であっても、郵便を使って補正することができるのです。

# 登記申請書の添付書類

登記官の審査のために必要になる

**議事録**

会議体の議事内容を記載・記録したもの。株主総会議事録、取締役会議事録などがある。

## ■ どのような書類を添付するのか

商業登記では、商号、目的、役員などについて会社で必要な手続きを経てから、法務局に申請手続きをすることになります。

たとえば、株主総会を招集して一定数の決議を経たり、取締役会を開いて承認を得なければなりません。そして、これらの手続きを経たことを証明する書類を添付して登記申請をします。

登記官は、実際に会社で開かれた株主総会や取締役会に立ち会うわけではないので、添付された証明書類を審査して、必要な要件が満たされているかどうかを判断します。そして、法定の要件が満たされていると判断すると、その内容を登記簿に記載することになります。添付書類の種類は、登記すべき事項によって異なってきますが、特に重要なのが「株主総会議事録」「取締役会議事録」などです。

## ■ 議事録を作成するときの注意点

各種議事録を作成するときには、次の各点に注意してください。

① **法律で規定している決議要件を満たしていること**

たとえば、株主総会の決議といっても、役員を選任する場合、定款の変更をする場合など決議すべき事項によって、議事を開くための定足数、有効な決議が成立するための議決数が過半数なのか、それともそれ以上の多数が必要なのかが異なります。

また、取締役会には取締役会の決議要件があり、決議内容によって定足数などの考え方が異なる場合があります。招集手続きが適法に行われていることも必要です。

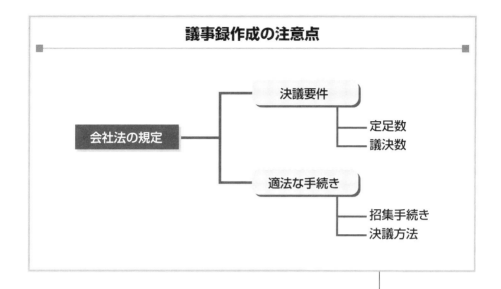

**議事録作成の注意点**

会社法の規定 ─── 決議要件 ─── 定足数
　　　　　　　　　　　　　　　　議決数

　　　　　　　　 ─── 適法な手続き ─── 招集手続き
　　　　　　　　　　　　　　　　　　　決議方法

　　したがって、会社法の規定によく注意をして、必要な数字が
確保されているかどうか確認を忘らないようにしてください。
株主総会議事録や取締役会議事録を作成する際にも、「満場一
致をもって」や「出席株主の３分の２以上の賛成をもって」
「出席取締役の全員一致により」など、決議要件を満たしてい
ることがわかるような表現で記載します。もし、法律の規定ど
おりの手続きが踏まれていなければ、登記の申請は却下される
ことになります。

② **必要な記名押印がなされていること**

　　たとえば、取締役会議事録には、出席した取締役と監査役が
署名または記名押印しなければなりません。議事録に記載され
ているとおりに議事が進行し、決議がなされたことを出席した
役員の責任の下で承認するためです。

　　なお、株主総会議事録については、かつては議長と出席した
取締役の署名または記名押印が必要とされていましたが、現在
は、これは義務とはされていません。

> **却下**
> 申立てを不適法とし
> て、理由を判断するま
> でもなく門前払いする
> こと。

# その他の添付書類

原本還付をすることもできる

## ■ 定款を添付する場合とは

登記申請書に定款を添付しなければならない場合もあります。たとえば、会社の解散および清算人選任の登記を申請する場合、清算人会の定めの有無を確認するため、定款の添付が義務付けられています。定款は原本を提出する必要はありません。コピーをとってこれを添付し、原本は一応提出するものの原本還付を受ければよいのです。

なお、会社設立後に定款を変更した場合、あらためて公証人に定款の認証をしてもらう必要はありません。このような場合には、登記申請用に変更後の内容を記載した定款を作り、その末尾に「上記は当会社の定款に相違ありません」と書き、会社代表者が記名押印（届出印を使用）したものを添付すればよいでしょう。

## ■ その他の添付書類について

おもな添付書類としては株主総会や取締役会等の議事録や定款の写しがありますが、それ以外にもいくつかの書類の添付が必要な場合がよくあります。登記すべき内容によって異なってきますので、事前によく調べておいて、申請が却下されないように注意してください。

会社代表者が多忙で自分では法務局に申請に行けないため、司法書士などに申請を委任するときは委任状を添付します。

また、法律によって公告をすることが手続きとして要求されている場合は、官報などで公告をした書面を添付します。

---

**清算人会**

清算人によって構成される清算会社の機関のこと。清算人会を設置する場合には、清算人は3名以上必要である。

---

**公告**

ある事項を広く一般に公開し、知らせること。官報や新聞に掲載したり、文書を掲示するなどの方法によって行う。

---

## 各種の登記に必要となるおもな添付書類例

| |
|---|
| 株主総会議事録 |
| 総社員の同意を証する書面（合同会社など） |
| 取締役会議事録 |
| 定款 |
| 委任状（司法書士などに登記申請を依頼する場合） |

さらに、株式の発行等により資本金の額に変更が生じた場合には、代表取締役の作成にかかる「資本金の額の計上を証する書面」を添付する必要があります。この書面のように代表取締役が作成した書面を添付する場合には、当該書面に会社の実印を押印する必要があります。

**会社の実印**

会社の本店（本社）所在地を管轄する登記所に登録されている会社代表者の実印のこと（80ページ参照）。

### ■ 原本還付とは

このように添付書類にも様々なものがあります。そして、添付した書類は原則として、そのまま法務局に申請書といっしょに保存されることになります。しかし、添付書類の中には原本そのもので、それを提出して返ってこないとすると会社としても困ってしまう場合があります。

その場合に備えて、原本還付の制度があります。原本還付は、原本の写し（コピー）をあらかじめ用意しておいて、原本の代わりにそれを添付して済ませることができる制度です。手続きは、写し（コピー）には、その下部の余白に「上記は原本の写しに相違ありません」と記入します。そして、会社代表者（または司法書士など）が記名押印をします。複数枚をとじるときは、「契印」も忘れずにしておきます。申請のときに、係員に原本還付を希望していることを告げます。

# 本人確認証明書の添付

不正登記の申請を防止するため、本人確認が義務付けられる

## ■ どんな場合に本人確認証明書の添付が必要になるのか

架空の人物や他人の氏名を使って役員登記の申請を行い、詐欺的な投資勧誘などの犯罪行為に悪用するケースや、役員として登記されている者が就任を承諾した覚えがないとして争いとなるケースなど、いわゆる架空登記を防止し、かつ就任の意思を確保するため、役員登記の申請時に本人確認証明書の添付が義務付けられています。

本人確認証明書の添付が必要となるのは、次のケースです。

・株式会社の設立の登記
・取締役、監査役または執行役（以下「取締役等」といいます）の就任による変更登記（再任を除きます）

これらの登記の申請に際しては、取締役等の就任承諾書に記載した氏名、住所と同一の氏名、住所が記載された本人確認証明書の添付が必要になります。改正後は、住所が登記事項とならない取締役等についても、就任承諾書への住所の記載が要求されることになりますので注意が必要です。また、就任承諾書の代わりに株主総会議事録を援用する場合には、議事録中に取締役等の住所を記載する必要があり、記載がないものについては、別途、就任承諾書が必要になります。

本人確認証明書としては、就任承諾書に記載された氏名、住所が確認できる公的証明書が必要です。具体的には①住民票の写し、②戸籍の附票、③住所の記載がある住基カードのコピー、④運転免許証のコピー（裏面も必要）などがこれに該当します。

ただし、登記の申請書に取締役等の印鑑証明書を添付する場

**本人確認証明書となる場合**

住基カードや運転免許証のコピーを添付する場合には、本人が原本と相違がない旨を記載した上で、署名押印する必要がある。取締役等が外国居住者の場合には、宣誓供述書をはじめとする外国官憲の作成による氏名と住所が記載された証明書などが、本人確認証明書になる。

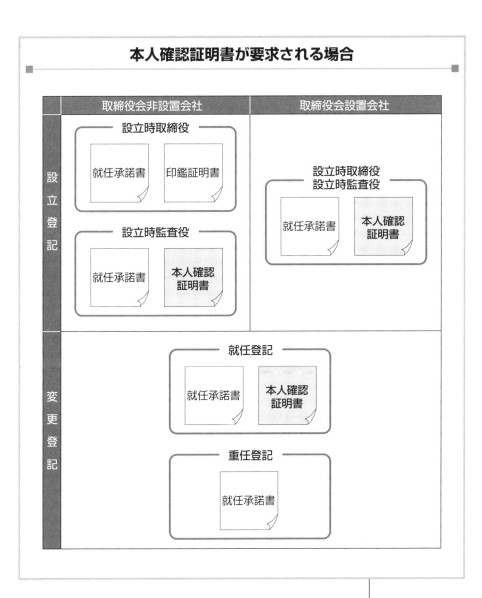

合には、本人確認証明書を添付する必要はありません。した
がって、印鑑証明書の添付が義務付けられている取締役会非設
置会社の取締役については本人確認証明書の添付は不要になり
ます（合併や組織変更による設立の場合には設立時取締役等の

印鑑証明書の添付は不要とされることから、取締役会非設置会社の設立時取締役であっても本人確認証明書の添付が必要になります）。

それ以外の役員（取締役会を設置している会社の取締役、監査役または執行役と、取締役会を設置していない会社の監査役）については、本人確認証明書の提出が求められることになります。ただし、取締役が同時に代表取締役として就任する場合や、取締役等の変更と代表取締役の変更の登記を同時に行う場合において、取締役等が取締役会議事録に押印した印鑑証明書を申請書に添付する場合には、本人確認証明書の添付は不要です（下記の具体例を参照してください）。

## ■ 具体例で考えてみる

たとえば、「取締役A、B、C、代表取締役をAとする取締役設置会社を設立する」と仮定します。この場合、Aは代表取締役として就任承諾書に押印した印鑑証明書を添付する必要がありますので、本人確認証明書の添付は不要になります。B、Cについては本人確認証明書の添付が必要です。

上記の会社が取締役会非設置会社の場合には、A、B、Cとも就任承諾書に押印した印鑑証明書の添付が必要になりますので、本人確認証明書は不要です。

次に、「取締役A、B、C、代表取締役をAとする取締役会設置会社において、取締役をA、D、E、代表取締役をEに変更する場合」はどうでしょうか。Aについては再任となるので、本人確認証明書の添付は不要になります。また、Eについても、代表取締役の就任承諾書に押印した印鑑証明書を添付する必要があるため、本人確認証明書の添付は不要です。問題はDです。代表取締役を変更する場合には、その選定した取締役会議事録に出席した取締役全員が実印を押印し、印鑑証明書を添付するのが原則です。ただし、例外として前代表取締役であるAが、

**その他の法人の場合にも改正の影響がある**

本人確認証明書の添付の義務付けは株式会社だけでなく、一般社団法人や一般財団法人などにも準用されることから、これらの設立登記および理事、監事、評議員の就任による変更登記についても、印鑑証明書を添付する場合を除き、本人確認証明書の添付が必要になる。

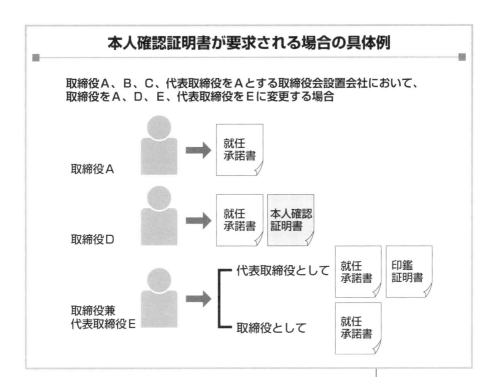

## 本人確認証明書が要求される場合の具体例

取締役Ａ、Ｂ、Ｃ、代表取締役をＡとする取締役会設置会社において、取締役をＡ、Ｄ、Ｅ、代表取締役をＥに変更する場合

取締役Ａ → 就任承諾書

取締役Ｄ → 就任承諾書　本人確認証明書

取締役兼代表取締役Ｅ →
- 代表取締役として　就任承諾書　印鑑証明書
- 取締役として　就任承諾書

当該取締役会に出席し、登記所に提出している会社実印を押印した場合には、出席取締役の印鑑証明書は不要になります。したがって、この場合には、Ｄは印鑑証明書を提出する必要がないので、本人確認証明書を添付することになります。

　最後に、「Ａが取締役と代表取締役を兼任する取締役会非設置会社において、取締役Ｂと監査役Ｃを追加する場合」を見ていきましょう。この場合、取締役Ｂは就任承諾書に押印した印鑑証明書の添付が必要となるため、本人確認証明書の添付は不要ですが、監査役Ｃについては本人確認証明書の添付を要します。

　なお、印鑑証明書を申請書に添付する場合には、就任承諾書に実印を押印する必要があります。それ以外の場合は、認印でもかまいません。

# 辞任登記の添付書類や
# 旧姓の登記

辞任登記にも印鑑証明書の添付が必要な場合がある

## ■ 代表取締役の辞任登記に印鑑証明書の添付が必要になる

　第三者による虚偽の申請を防止し、登記の申請を担保するため、代表取締役の辞任登記の申請においても印鑑証明書の添付が必要となります。対象となる登記は、代表取締役、代表執行役の辞任登記、代表取締役である取締役の辞任登記および代表執行役である執行役の辞任登記です。代表取締役等が辞任届に個人実印を押印した場合は、その実印にかかる市区町村長作成の印鑑証明書を添付する必要があります。

　もっとも、対象が登記所に会社の実印を提出している代表取締役等に限定されることから、これ以外の代表取締役等については、認印でも差しつかえがなく、印鑑証明書の添付も不要です。また、会社の実印を提出している代表取締役等であっても、辞任届に会社の実印を押印すれば、印鑑証明書の添付を省略することができます。

## ■ 辞任登記に印鑑証明書を添付するケース

　たとえば、取締役Ａ、Ｂ、Ｃ、代表取締役をＡとする取締役会設置会社において、Ａが代表取締役を辞任する場合、代表取締役Ａの辞任登記には、辞任届に押印したＡ個人の実印と、その印鑑証明書の添付が必要になります。ただし、Ａが辞任届に会社の実印を押印した場合には印鑑証明書の添付は不要です。

　では、Ａが取締役を辞任する場合はどうでしょうか。取締役を辞任すると、代表取締役は、その前提資格である取締役の地位を失うことになるので退任となります。したがってこの場合

**印鑑証明書**

押印した印鑑の印影が、真正なものであることを証明するための書類のこと。
個人の場合は、市区町村に届け出ている印鑑（実印）について印鑑証明書を添付することになる。

## 代表取締役の辞任登記への印鑑証明書の添付

**取締役A、B、C、代表取締役をAとする取締役会設置会社において、Aが代表取締役を辞任する場合**

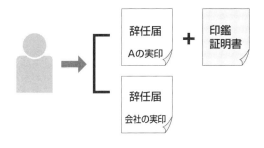

には、取締役の辞任登記の申請書類である辞任届に、①A個人の実印による押印とその印鑑証明書の添付、もしくは②登記所に届けている会社の実印による押印のいずれかの提出が必要になります。

### ■ 登記に旧姓を記録することが可能

　結婚後もなお旧姓で仕事を続ける女性が増えたことから、戸籍謄本等を提出して申し出れば、登記簿の役員欄に、戸籍上の氏名と旧姓を併記することができます。ただし、申出ができるのは、①設立の登記、②清算人の登記、③役員（取締役、監査役、執行役、会計参与、会計監査人）または清算人の就任による変更の登記、④役員もしくは清算人の氏の変更の登記の申請時に限られます。

　登記簿上の表記は、「取締役 山田花子（田中花子）」となり、（ ）内に旧姓が記録されることになります。

# 株主リスト

· · · · · · · · · · · · · · · · · · · · · · · · · · · · · · · · · · · · · · · · · · · ·

株主総会決議・株主全員の同意の真実性を担保する必
要がある

**株主リストの
サンプル**

巻末247ページ参照。

**株主名簿とは違う**

株主リストは、会社法
に基づき株式会社に作
成が義務付けられてい
る「株主名簿」とは
まったく別物である。
株主名簿は、株式会社
が株主を管理するため
のものであり、株主リ
ストとは記載内容も異
なる。したがって、登
記申請の際に、株主リ
ストとして、株主名簿
を添付することはでき
ない（株主名簿を添付
することが必要な登記
申請もある）。

## ■ 株主リストとは

株主総会の決議を仮装することにより、実体のない役員変更
や会社の組織の変更を行い、会社を乗っ取るなどの違法行為が
行われる事案が発生しました。そこで、登記の真正を担保する
ために、登記すべき事項につき株主総会の決議等を必要とする
登記の申請の際に、「株主の氏名または名称、住所および議決
権数等を証する書面」、つまり、「株主リスト」を添付すること
が、商業登記規則に基づき義務付けられています。株主リスト
の提出により、株主総会決議の有効性を登記の前後で確認する
ことが可能となります。

## ■ どのような点に注意して作成すればよいのか

株主リストの添付が必要な場合は、(1)登記すべき事項につい
て株主総会の決議（種類株主総会の決議）を必要とする場合と
(2)登記すべき事項について株主全員の同意（種類株主全員の同
意）を必要とする場合の２つです。

### ⑴ 株主総会（種類株主総会）の決議を必要とする場合

株主総会の決議によって登記すべき事項に変更が生じる場合
に、株主リストを添付する必要があります。たとえば、株主総
会の決議で、役員を選任した場合や会社目的を変更する定款変
更をした場合などです。株主リストには株主全員の情報を記載
する必要はなく、株主総会において議決権を有する株主のうち、
ⓐ議決権数上位10名の株主、ⓑ議決権割合の多い順に加算し３
分の２に達するまでの株主、のいずれか少ない人数の株主を記

## 株主リストの添付が必要な場合とリストに記載する株主

```
登記すべき事項について    →   議決権上位10名の      ┐
株主総会(種類株主総会)の       株主              ├  いずれか少ない方の
決議が必要な場合                                 │  株主を記載
                          →   議決権割合の2/3に    ┘
                              達するまでの株主

登記すべき事項について    →   株主全員を記載
株主全員(種類株主全員)の
同意が必要な場合
```

載します。実際に株主総会に出席し、議決権を行使した株主でなくても、その株主総会で議決権を行使することが可能であった株主であれば、議決権を有する株主にあたります。株主リストの記載事項は、①対象となる株主総会、②株主総会の開催日、③対象となる議案、④株主の氏名または名称、⑤株主の住所、⑥株式数(種類株式の種類と数)、⑦議決権割合です。

株主リストは、議案ごと(登記すべき事項ごと)に作成するのが原則ですが、株主リストの記載内容が同じ場合は、株主リストにその旨を記載し、1通作成すれば足ります。

⑵ **株主全員(種類株主全員)の同意を必要とする場合**

登記すべき事項が株主全員の同意によって変更する場合に、株主リストを添付する必要があります。たとえば、定款を変更して、発行する全部の株式の内容として取得条項を設けるときは、株主全員の同意が必要になります。

株主リストの記載事項は、①株主全員の同意が得られた日付、株主全員について、②氏名または名称、③住所、④株式数(種類株式の種類と数)、⑤議決権数です。登記申請時の代表者が法務局届出印を押印して証明します。

---

**議決権を有しない株主の例**

自己株式を有する株主、つまり、株式会社が自社の株式を有する場合などがある。

**株主リストの証明**

登記申請時の会社の代表者が法務局届出印(会社代表印)で株主リストを証明する。株主総会の時点の代表者ではない。

# 申請書の取下げ

## 不備が重大な場合には申請を取り下げる

### ■ 登記申請書の補正と取下げについて

　登記申請手続きの流れからわかるように、登記の申請はいったん受け付けた上で、不備があるかどうかを審査します。もし、不備があったとき、その後の手続きは不備の程度によって異なってきます。

### ① 不備の程度が軽い場合

　不備の程度が軽く簡単に直すことができるときは、補正ということになります。つまり、申請書の間違いを訂正したり、足りない記載を補えばすむ場合は、法務局は申請人に補正をさせ、そのまま手続きを進めます。

### ② 不備の程度が重い場合

　申請人が補正するだけでは足りないほど不備の程度が重いときは、法務局は申請人に対して申請を取り下げるように要請します。申請人は「取下書」を提出して申請を取り下げます。申請が取り下げられると、申請書一式は返却されます。登記印紙によってすでに納めている手数料については、「再使用証明申出書」を提出すれば後日改めて登記を申請し直す際にそのまま使用できます。申請人が取下げをしないと、申請は却下されます。

　取下げや却下の後は、登記申請は初めからやり直すことになります。登記申請を却下されたことについて納得がいかない場合は、法律上の救済手続き（審査請求）をとることができます。

　なお、補正や取下げの方法は、登記の申請方法によって異なります。書面申請を行った場合は、書面により行い、オンライン申請を行った場合は、書面による方法の他、オンラインで補

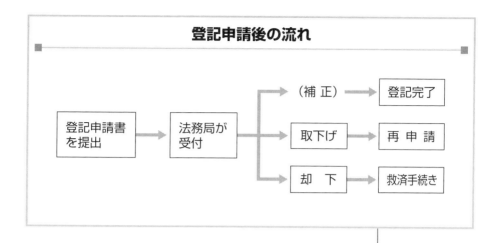

登記申請後の流れ

登記申請書を提出 → 法務局が受付 → （補 正） → 登記完了

取下げ → 再 申 請

却 下 → 救済手続き

正や取下げを行うことができます。

## ■ 予定どおりの登記がなされたかどうか確認する

　登記の申請をした後、補正の必要がある旨の連絡がなく、一定期間経過した、あるいは補正をした後、一定期間経過すれば、登記が完了したと考えてよいでしょう。

　なお、登記の申請をしてから、登記が完了するまでの期間は、概ね、1週間から2週間程度ですが、法務局によって異なりますし、同じ法務局でもその時期に申請が多いか少ないかなどでかなり違ってきます。そこで、申請時に、いつ頃登記が完了する予定か聞いておいたり、後で電話で聞いておいたほうがよいでしょう。

　オンライン申請や、オンラインによる登記事項の提出の方法により申請を行った場合には、オンラインによって登記完了日のお知らせを受けとることができます。

　登記が完了し、予定どおりの登記がなされたかどうか確認するためには、登記事項証明書を取得したほうがよいでしょう。

# Column

## 印鑑証明書と印鑑登録

　登記の申請人となる代表取締役は、あらかじめ登記所に印鑑を提出しなければなりません。印影を照合することによって申請人の同一性を確認できるようにするためです。印鑑の大きさは、辺の長さが1cmを超え、3cm以内の正方形の中に収まるものでなければなりません。

　印鑑を登記所に提出した者は、印鑑証明書の交付を請求することができます。印鑑証明書とは、使用する印鑑が提出してある印鑑に間違いないと証明した公文書です。個人の印鑑証明書の場合は市区町村長が発行しますが、代表取締役の印鑑証明書は登記所が発行します。

　申請人から印鑑証明の申請があった場合には磁気ディスクに記録された印鑑が証明書上に記載され（証明書に出力され）、証明書に証明文を付して交付するという方法がとられるようになっています。

　印鑑に関する事務は、カード式印鑑間接証明方式が採用されています。カード式印鑑間接証明方式とは、印鑑証明書の交付申請があったとき、事前に登記所から交付を受けた印鑑カードを提示することにより、本人の同一性を確認して、電子化された印鑑に関する情報を、偽造防止策を施した証明用紙に出力することにより印鑑証明書を作成して交付する方式のことです。

### ■ 代表者印の規格と一般例 ……………………………………………

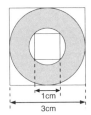

印鑑の大きさは1辺の長さが1cmを超え、3cm以内の正方形に収まるものでなければならない。

外丸、中丸の二重になった巻印が、代表者印では一般的。中丸に「代表取締役之印」と刻み、外丸には会社名を入れる。

# PART 4

# 株式会社の
# 設立登記と手続き

# 株式会社の設立手続き

会社ができるまでの流れをつかむ

## ■ 発起人は1人以上必要である

　会社を設立するには、定款の作成から登記まで、様々なことを決め、多くの手続きを行う必要があります。この手続きを行うのは当然、会社設立の企画者です。会社設立の企画者が発起人となり、設立の手続きを行うとともに、会社に出資し、株式を引き受けます。この際、引き受けられた株式の総額が、原則として資本金になります。発起人は、株式を引き受けることで会社の持ち主（株主）になります。

## ■ 発起設立と募集設立の違い

　株式会社の設立方法には、発起設立と募集設立があり、それぞれ手続きが異なります。発起設立では、発起人が設立の際に発行する株式のすべてを引き受け、会社成立後に株主となります。これに対して募集設立では、発起人は設立の際に発行する株式の一部を引き受けるだけで、残りの株式については、外部に対して引受人の募集を行います。そして、この募集に応じた株式引受人が、発起人とともに会社設立時の株主となります。もっとも、実務上は、募集設立で会社を設立するケースはそれほど多くはありません。

## ■ 発起設立手続きの流れ

　発起設立の方法で会社を設立する場合には、通常、次のような手順を踏みます。

① 起業することを決める

---

**資本金は1円でもよい**

定款で設立の際に出資される財産額またはその最低額を定めれば足りる。つまり、最低1000万円などという条件はなく、極端にいえば1円でも会社が作れる。

**通常は発起設立**

通常は、発起人が発行されるすべての株式を引き受けるが（発起設立）、発起人以外の者が株式を引き受ける（募集設立）こともある。

## 設立手続きの流れ

定款の作成

　　　　　発起人が定款を作成し、公証人の認証をうける

株式の引受・払込み

　　　　　発起人は株式を引き受け、引き受けた株式について
　　　　　出資の払込みをする

役員の選任
　　　　　発起人が役員（取締役など）を選任する。定款で

　　　　　あらかじめ役員を定めていれば、選任手続きは不要

役員による調査
　　　　　役員が会社の設立手続に法令違反などがないかを
　　　　　チェックする

設立の登記

　起業する際には、個人事業者として起業するか、会社として起業するかも決めます。この段階で会社設立後の青写真を作っておくことが大切です。また、会社を設立する場合、定款に本店所在地を記載する必要があるので、事務所を借りて起業する場合には、事務所を借りておきます。

② **会社の目的、商号（会社の名前）、本店（本社）所在地、資本金の額などを記載した会社の根本ルールである定款を作成する**

　定款は一般には書面で作成します。書面で作成するといってもパソコンのワープロソフトで作成したものを印刷すればよいでしょう。定款は登記申請用、公証役場提出用、会社保存用に３部作成することになります（書面で定款を作成する場合）。定款の作成後は、公証役場に行き、公証人に定款を認証してもらいます。

③　株式の発行事項（引受数、金額）などを決め、発起人が株式を全部引き受ける

　引き受けたことの証明として株主名簿（引き受けた株式数を記載した帳簿）に記載します。

④　引き受けた株式に応じて、金銭などを払い込む

　発起人が数名の場合は、発起人の中から代表者を選び、その者の銀行口座に振り込みます。発起人が１人のときは自分の口座に振り込みます。

⑤　取締役や監査役を選任する

　取締役は１人いればよく、監査役は選任しなくてもかまいません。実務では、監査役は選任されないことも多いようです。１人で会社を設立する場合、自分が取締役になります。定款で取締役を定めていれば取締役を選任したものとみなされますので、別途選任の手続きをする必要はありません。

⑥　取締役や監査役による会社財産のチェック

　適切に払込みがなされているかをチェックします。

⑦　設立の登記をして会社が成立する

　登記とは、会社の情報を登記簿という法務局にある公簿に記録するものです。登記は法務局に申請書を提出します。申請書には、会社の商号（会社の名前）、会社の本店所在地などを記載します。なお、募集設立の場合には、発起人以外の者も株式を引き受け、創立総会を開催するので、手続きが若干異なります。


■ 設立経過の調査

　会社法は、会社の設立にあたっては、出資が確実になされているかをチェックするように、関係者に義務付けています。この調査をするのは、発起人によって選任された取締役や監査役です。

　発起設立の場合には、取締役等が、発行額全額の引受・払込みと現物出資全部の給付があったかどうかを調査することにな

出資金の払込み

発起人が全部の株式を引き受け、出資額全額の払込みをする。このとき、不正行為を防止して払込みが確実に行われるようにするために、金銭の払込みは発起人の間で払込取扱機関として定めた銀行等にしなければならないとされている。発起設立の場合、払込みがなされた後、設立時の役員を選任すれば、実体的には会社はほぼ完成する。

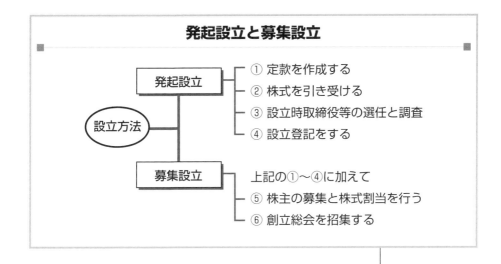

**発起設立と募集設立**

```
                    ① 定款を作成する
         発起設立    ② 株式を引き受ける
                    ③ 設立時取締役等の選任と調査
 設立方法            ④ 設立登記をする

                    上記の①～④に加えて
         募集設立    ⑤ 株主の募集と株式割当を行う
                    ⑥ 創立総会を招集する
```

ります。募集設立の場合に招集される創立総会では、まず、発起人が設立の経緯を報告します。そして取締役等を選任し、その後、取締役等は発行額全額の引受・払込みと現物出資全部の給付があったかどうかを調査することになります。

　なお、払込みについては、発起人が取締役になるケースがほとんどですので、自分で払込みの有無を確認すればよいでしょう。

### ■ 商号の決定と商号の調査

　会社は設立にあたって会社の名前を決めなければなりません。会社の名前を商号といいます。商号は会社の名前ですから、他の会社の商号と同一の本店所在地で同一の商号であると混乱が生じます。そのため、同一の本店所在地で同一商号の登記をすることは禁止されています。同一本店所在地に同一商号の会社があるかどうかについては、法務局に備えられている商号調査簿で調査をする必要があります。また、まったく同じ商号でないとしても、他社と酷似した商号を用いると、不正競争防止法や会社法により、商号使用の差止請求を受ける危険があるので注意しなければなりません。

# 定款の作成

## 記載を欠くと定款が無効になる絶対的記載事項がある

### ■ 定款の記載事項には３種類ある

　株式会社設立の第一歩は発起人による定款の作成です。発起人とは、発起人として定款に署名した人のことです。定款に記載される事項には、①記載を欠くと定款全体が無効になる絶対的記載事項、②記載を欠いても定款自体の効力に影響はしないが、記載しないとその事項の効力が認められない相対的記載事項、③定款外で定めても効力をもつ任意的記載事項があります。相対的記載事項や任意的記載事項が欠けたとしても、定款の効力に影響はありませんが、絶対的記載事項が欠けると定款が無効になります。絶対的記載事項には以下のものがあります。

ⓐ **会社の目的**

　会社の目的は、会社の今後の事業活動の範囲を表すものとして重要です。

ⓑ **会社の商号**

　商号とは、○○○○株式会社、株式会社××××のような会社の名前のことです。

ⓒ **本店（本社）の所在地**

　どこを本拠地とするかを明らかにするものです。

ⓓ **設立時の出資額またはその最低額**

　設立のときに発起人（株主になる者）が払い込む出資額のことです。

ⓔ **発起人の氏名（名称）・住所**

　設立の企画者として責任を負う発起人の名前や住所を明らかにする必要があります。

**将来の目的**

目的は将来行う可能性のものも記載してかまわない。後でつけ足すと、手間、費用がかかるため、予想されるものはあらかじめ記載しておくことが望ましいといえる。

## 定款の記載事項

| 記載事項の種類 | 意 味 | 記載を欠いた場合 | 具体例 |
|---|---|---|---|
| 絶対的記載事項 | 定款に絶対に記載しなければならない事項 | 定款全体が無効になる | 会社の目的、商号、本店の所在地など |
| 相対的記載事項 | 定款に記載しないと効力が認められない事項 | 定款自体の効力に影響はない | 変態設立事項、株式譲渡制限、公告方法など |
| 任意的記載事項 | 定款外で定めても効力をもつ事項 | 定款自体の効力に影響はない | 株式事務の手続き、株主総会の招集時期、決算期など |

　なお、発行可能株式総数については、将来、会社が発行できる株式数の上限を定めます。絶対的記載事項ではありませんが、設立登記までに定款に定めておく必要がありますので、絶対的記載事項に準ずるものとして定款に記載しておきましょう。

### ■ 発行可能株式総数についての規制

　発行可能株式総数は定款に定める必要があります。公開会社においては、発行可能株式総数が、設立時の発行株式の総数の4倍を超えないようにしなければならないとされています。これは、公開会社が譲渡制限株式以外の株式を発行する場合には、株主総会での決議を要件とせず、取締役会決議だけで発行できるとされているため、取締役会に無制限の権限を与えるべきではないとする考えに基づくものです。

　もちろん、正式に定款変更の手続きを踏むことにより、いつでも発行可能株式総数を変えることはできます。なお、非公開会社（株式譲渡制限を設けている会社）は、このような制限を受けることはありません。

**発行可能株式総数**
非公開会社の場合、自由に定めることができるので、将来の増資の可能性も考えて定めることが望ましいといえる。

# 定款の認証

## 認証後も備え置く必要がある

### ■ 公証人の認証を受ける必要がある

設立手続きにおいて定款の作成は最も重要な作業です。定款作成後、発起人がそれに署名または記名押印（電子定款の場合は電子署名）をします。これによって定款自体は完成です。

次に、法務局（登記所）で会社設立の登記をしなければなりませんが、申請の際に定款を添付します。定款は公証人の認証を受けていることが前提となっています。

定款の認証は公証人が行いますから、公証役場（公証業務を行う役所のこと）へ行って、認証を依頼しなければなりません。

定款認証にあたっては、同じ書類を3通用意します。1通は、そのまま公証役場に保存されます。また、1通は、登記申請の際に、法務局（登記所）に提出します。そして、もう1通は、会社で保存されることになります。定款以外に、発起人全員の印鑑証明書も用意します。代理人によって認証を依頼する場合には、委任状と代理人の印鑑証明書も必要になります。さらに「実質的支配者になるべき者」の届出も必要となります。具体的には、発起人のうち過半数以上の株式（議決権）を保有する者等がこれに該当し、その者の氏名・住所・生年月日・議決権割合の他、暴力団員等に該当しない旨を所定の書面を使って申告することになります。これは法人の透明性を高め、暴力団員等による法人の不正使用（マネーロンダリング、テロ資金供与等）を抑止するため、平成30年に開始した制度ですので、定款認証時には忘れず申告するようにしましょう。

認証の依頼を受けた公証人は、定款を審査し、問題がなけれ

### 電子定款

定款の認証は、書面ではなくPDF化された電子定款を認証してもらうこともできる。特に電子定款の場合、書面による定款作成時にかかる収入印紙代4万円がかからないこともあり、会社の設立費用を節約したい起業家などがよく利用している。電子定款では、紙の定款への署名または記名押印に代えて、電子署名をする必要がある。電子署名とは、パソコンで作成された定款が発起人によって作成されたことを証明するための電子的な署名のこと。

### 定款作成後の手続き

定款作成後、発起人全員で定款に署名（自筆のこと）または記名押印をしなければならない。定款を作成し終えると、次は定款を公証人に認証してもらう。定款の認証を受けた後、会社の登記により会社が設立するまでは、原則として定款を変更することはできない。認証を受けた定款は、その後の手続きで添付書類として使用することがあるので、きちんと保管しておきたい。

## 定款認証の流れ

| 申請前に定款の内容を公証人にチェックしてもらう |
| --- |

↓

| 申請書類を自分でチェック | |
| --- | --- |
| ・定款<br>・印鑑証明書 | ・法人の場合には代表者の資格証明書や<br>　商業登記事項証明書 |

↓ 電子定款の場合は定款の内容を
チェックしてもらった後に、定款を
PDF化して公証役場に送信する

| 公 証 役 場 へ 行 く |
| --- |

| 公証人が定款を認証 |
| --- |

ば、公証人は定款に「認証文」をつけます。定款の認証のための公証人の手数料は5万円です。また、定款の原本自体に4万円の収入印紙を貼付する必要があります。4万円の収入印紙は、電子定款を利用した場合には必要ありません。なお、令和2年5月11日からは、直接公証役場に行かなくても、テレビ電話方式で定款認証を行ってもらうことが可能になりました。

## ■ 本店と支店に備え置く

会社は定款を会社成立前は発起人が定めた場所に、会社成立後は本店（本社）と支店に備え置かなければなりません。会社成立後、株主と会社債権者は、営業時間内であればいつでも、定款の閲覧を請求することができます。また、定款が書面で作成されている場合、その謄本や抄本の交付を請求できます。定款が電磁的記録によって作成されている場合は、電磁的記録の記録内容の閲覧を請求できる他、記録内容の会社が定めた電磁的方法での提供や、記録内容を記載した書面の交付を請求できます。

**電子定款と従来の
定款認証との違い**

紙媒体の定款認証と電子定款の認証の手続的な違いは、定款を法務省のオンライン申請システムを利用して公証役場に送信するかどうかの違いである。電子定款の場合、収入印紙代がかからないというメリットがある一方、電子署名の準備の手間がかかる。

**電磁的記録**

CD-ROMやDVD-ROMなど、確実に情報を記録しておける記録メディアあるいは電子媒体と呼ばれるものに記録したもの。

# 変態設立事項

・・・・・・・・・・・・・・・・・・・・・・・・・・・・・・・・・・・

現物出資、財産引受、特別の利益・報酬、設立費用の
4つ

**現物出資の調査**

現物出資をする場合に
は、変態設立事項とし
て定款で定めなければ
ならない。
定款に現物出資の定め
をした場合、原則とし
て、発起人の申立てに
より裁判所が選任した検
査役が、定款に記載さ
れた現物出資の評価額
が正しいかを調査する。

**検査役の調査が
不要な場合**

① 弁護士や税理士な
どから、定款に記載
された現物出資およ
び財産引受につい
て、価額（価格）が
相当であるという証
明を受けた場合
② 定款に記載された
現物出資および財産
引受の価額の総額が
500万円以下の場合
③ 現物出資および財
産引受の目的財産が
市場価格のある有価
証券（株などのこと）
であり、定款に記載
した価額が市場価格
以下の場合
検査役の調査が不要な
場合でも、取締役・監
査役（監査役を設置し
た場合）は、①の証明
の相当性、②③の場合
の財産の価額の相当性
についての調査をしな
ければならない。この
調査報告書は登記の添
付書類になる。

## ■ 原則として検査役による調査が必要

　変態設立事項は、「危険な約束」ともいわれ、会社財産を危うくする事項として、有効と認められるためには、定款に記載し、特別の手続きを要します。会社に出資された資金は、定款に掲げた目的を達成するために使われるものですから、その目的を達成するために必要な行為以外の行為によって会社財産が減ってしまうことがあってはなりません。しかし、会社設立の企画者である発起人らによって会社財産を危うくする行為が行われる危険性があります。そこで、変態設立事項は、定款に記載しなければ効力が認められないものとされています。また、変態設立事項については、原則として裁判所が選任する検査役による調査が必要です。もっとも、現物出資や財産引受については、税理士などから、価額が相当であるという証明を受けた場合などの一定の場合には検査役の調査は不要です。会社法に列挙されている変態設立事項は以下の4つです。

### ① 現物出資

　株式を引き受けて出資を履行する際、通常は金銭を払い込みますが、金銭に代えて、土地や建物などを出資する場合です。現物出資をする場合、出資された物が過大に評価されると、現物出資をした者に対して不当に高い割合の株式が割り当てられることになる他、会社の資本を実際よりも多く見せかけることになり、債権者（たとえば、会社に融資を行った銀行など）に迷惑をかけることになるため厳格な扱いが必要とされています。たとえば、1000万円の価値しかない建物が3000万円と評価され

## 変態設立事項

 会社財産を危うくする「危険な約束」

- ①金銭以外の物を出資する「現物出資」
- ②会社成立後に財産を譲り受ける「財産引受」
- ③発起人が受け取る「特別の利益・報酬」
- ④会社の負担となる「設立費用」

↓

 厳格な手続き

ⓐ 定款に記載しなければ、効力を生じない
ⓑ 原則として、裁判所が選任する検査役によるチェックを受ける

↓

裁判所は、検査役の報告を受けて不当と認めたときは、
変態設立事項の変更を決定する

---

たような場合です。

⑵ **財産引受**

　発起人が、会社成立後に会社が財産を譲り受けることを約束した契約です。現物出資と同様、目的物の過大評価により会社財産を害する危険があり、また、他の株主との不平等を招く危険があるため厳格な扱いが必要とされています。

③ **特別の利益・報酬**

　会社設立のための労務に対して発起人が会社から受け取る報酬やその他の特別の利益です。会社設立の企画者である発起人の労に報いるため、功労金や報酬として過大に金銭などが支払われれば、会社財産を危うくすることになります。

④ **設立費用**

　発起人が会社設立のために支出した費用です。設立費用について、発起人の自由にまかせると、会社が不相当な負担を負うことになる危険があるため、厳格な扱いが必要とされています。設立費用としては、通信費や交通費などがあります。

**財産引受**

開業準備行為の一種とされている財産引受についてはその必要性の大きさから、厳格な法の要件の下で許されると解する立場が一般である。判例もこのような解釈を示している。

# 出資金の払込みと手続き

払込金は会社の資本となる

## ■ 払込みを証する書面を準備する

　発起設立の場合、定款認証後、発起人は設立時に発行する株式をすべて引き受けます。

　株式を引き受けた発起人は引き受けた株式に応じた出資金を払い込みます。その際、払い込んだことを証明するために、発起人代表者が作成した払込証明書に、払込金が振り込まれた銀行の預金通帳の写しを合綴したものを準備し、設立登記の申請の際に所轄の登記所に提出します。会社設立登記後、株式の払込みをした株主については、会社は「株主名簿」を作成し、原則として、本店に備え付けます。

　株主名簿とは、会社の株主とその持っている株式数などを記載した書面のことです。会社は株主名簿により株主を把握し、株主への配当金の交付などの際に役立てます。株主や債権者から株主名簿の閲覧請求があった場合には、会社はこれに応じる義務があります。

## ■ 出資金の払込手続き

　公証役場での定款の認証後、今度は会社を代表する発起人の個人の銀行口座にそれぞれの発起人が引き受けた株式数に見合った出資金（資本金）を全額、振り込んでもらいます。確実な払込みを担保するため、金銭の払込みは、発起人が指定した銀行や信託会社などの金融機関において行わなければなりません。これを払込取扱機関といいます。

　出資金の払込みに関して設立登記の申請の際に必要な書類は、

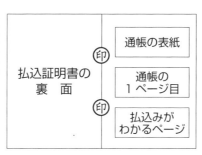

払込みがあったことを証する書面と預金通帳のコピーをあわせてとじて契印を押す

通帳の表紙

通帳の1ページ目

払込みがわかるページ

通帳のコピーについては、1枚の紙に3つのコピーをすることも、3枚の紙にそれぞれ1つずつコピーすることもできる。

①払込証明書（登記所に届ける印鑑を押印）と②預金通帳のコピーです。通帳の表紙、通帳を開いて1ページ目（口座名義人が判明する部分）、払込みがわかるページのコピーを用意します。

前述した2つの書類を合わせてとじて、①で押印した印鑑で契印（各ページの継ぎ目に押印）をします。

銀行のインターネットバンキングを利用して出資金の払込手続きを行うこともできます。この場合には、ⓐ金融機関名、ⓑ口座番号・口座名義人、ⓒ払込日時、ⓓ入金額が記載されている画面をプリントアウトし、当該書面を、払込みのあったことを証する書面に合綴して作成することになります。

なお、以上の手続きは発起設立を想定しています。募集設立の場合、発起人による株式引受人の募集、引受人の決定、引受人の払込みといった手続きが別途必要です。また、募集設立の場合、株式引受人が払込期限内に出資金を払い込まないときは、当然に株主となる資格を失いますが、発起設立の場合は、発起人の中に払込みをしない者がいれば、権利を失わせる手続き（失権手続）が必要になります。

**募集設立**

募集設立では株式の一部を発起人が引受け、残りの株式については株主を募集する設立方法である。そのため、募集設立では、発起人の出資がなされると、発起人全員で、残りの株式につき、募集要件を決定し、申込者に対し割り当てる株式数を決定する。申込者は割当てを受けた株式の数を引き受け、決められた期日までに払込みをし、払込みが完了すると、発起人・株式引受人による創立総会が開催され設立時取締役を選任するという手続きが必要となる。

# 役員の選任と本店所在地の決定

取締役は必ず1人以上選任しなければならない

## ■ 取締役を選任する

　発起人は、株式の引受けがなされた後に、取締役を選任しなければなりません。取締役は1人いればそれで足ります。設立しようとする会社が取締役会を設置する会社である場合は、3人以上の取締役を選任します。また、設立しようとする会社が監査役を設置する会社である場合は、監査役も選任します。その他、設立しようとする会社の機関構成に応じて、会計参与や会計監査人も選任することができます。

　取締役や監査役は必ずしも発起人から選ばなくてもかまいません。取締役や監査役の選任方法は、発起人が株式引受人として引き受けた株式1株につき1個の議決権を有し、その議決権の過半数によって決定することになっています。発起人が2人以上いる場合は発起人会を開催するなどして決定します。発起人が1人の場合、その1人の発起人がすべてを決定することができます。

　ただ、定款に取締役や監査役を記載しておけば、改めて選任手続きをする必要はありません。そのため、定款には取締役や監査役を記載しておくとよいでしょう。

　なお、設立時取締役は、発起人の有する議決権の過半数の賛成により解任することもできます。設立時監査役の解任には、3分の2以上の賛成が必要になります。

　設立しようとする会社が取締役会を設置する会社である場合には、取締役の中から代表取締役を選定しなければなりません。設立時の代表取締役の選定は、取締役の過半数によって決定し

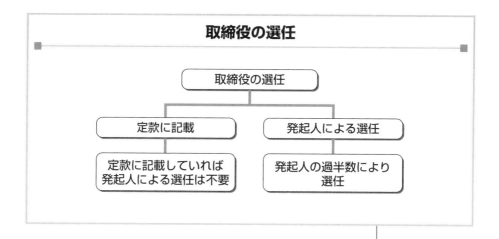

**取締役の選任**

取締役の選任
├─ 定款に記載 ── 定款に記載していれば発起人による選任は不要
└─ 発起人による選任 ── 発起人の過半数により選任

ます。

　代表取締役を選定するための決議は、定款認証後に行います。代表取締役に選定された人が、代表取締役に就任するためには、就任の承諾が必要です。就任承諾書については代表取締役が個人の実印を押印します。

　決議終了後は議事録を作成します。議事録には議事の経過の要領とその結果を記載し、出席した取締役（場合によっては監査役）の全員が署名または記名押印します。

### ■ 本店所在地の決定

　本店所在地については、定款で「本店を東京都○○区に置く」などと市区町村名だけを定める方法と、「本店を東京都○○区○○町○丁目○番○号に置く」というように、より具体的に所在場所を特定して記載する方法があります。

　定款で、本店の場所について市区町村までしか記載しない場合、発起人の決議で代表取締役の選定と合わせて具体的な本店所在地を決定することになります（発起人会議事録）。本店所在地だけを決定する場合は、本店所在地決議書）を作成します。

**取締役が1人である場合**

代表取締役を選定する必要はない。1人なので必然的に代表取締役になる。

**記名押印**

記名とは、当事者の直筆ではなく、ゴム印やワープロの印字や、第三者によって氏名・名称が記載されること。押印とは、印鑑を押すこと。

# 設立登記の申請書類

現物出資がある場合などは添付書類が異なる

## ■ 申請書類はきちんとチェックする

　登記申請に必要な書類は、それぞれ1通ずつ用意します。会社の保存用を含めるとそれぞれ2部ずつ作成します。申請書類等に、誤字、脱字、脱印がないか、訂正箇所の訂正印、契印は押されているかなどを入念にチェックしましょう。設立登記において登記すべき事項は図（次ページ）のとおりです。

　以下に挙げるのは非公開会社で発起設立の場合の申請書類です。

### ・株式会社設立登記申請書と磁気ディスク（CD-Rなど）

　登記申請書と登記すべき事項を記載した磁気ディスクを登記所に提出します。

### ・登録免許税納付用台紙　1通

　登録免許税は税額が15万円に満たない場合は15万円で、それ以外は資本総額の1000分の7と定められています。税金の納付は収入印紙か現金によって納付する方法があります。

　収入印紙で納付する場合には、登記申請書の次に登録免許税納付用台紙をとじ込みます。収入印紙を所定の場所に貼付し、台紙と登記申請書との間に代表者印または代理人の印を使って契印を押します。現金で納付する場合は、登記所が指定する銀行に現金を払い込みます。そこで発行してもらった領収書を納付用台紙に貼付し、申請書と台紙の間に契印した上で提出します。

　なお、収入印紙自体には消印しないようにしましょう。消印をしてしまうと、その収入印紙は使えなくなってしまいます。

### ・定款　1通

　会社の根本規則を記載した書面です。

**契印**

64ページ参照。

**消印**

契約書に貼付された印紙と契約書面にまたがってなされる押印のこと。

## 設立登記における提出書類一覧

| |
|---|
| 登記申請書 |
| ＣＤ－Ｒ、ＤＶＤ－Ｒ |
| 定款 |
| 発起人の同意書 |
| 設立時取締役および設立時監査役の調査報告書およびその附属書類（定款に現物出資など変態設立事項が定められていない場合は不要） |
| 払込みがあったことを証する書面 |
| 資本金の額の計上に関する設立時代表取締役の証明書（現物出資がある場合に添付が必要、出資財産が金銭のみの場合は添付不要） |
| 設立時取締役選任および本店所在地決議書（原始定款で設立時取締役を選任しておらず、本店の具体的所在場所も定めていない場合。なお、発起人が１人の場合は、発起人決定書） |
| 設立時取締役の就任承諾書（発起人が定款で取締役に選任されており、発起人が定款に実印を押印している場合などは不要） |
| 印鑑証明書（設立時取締役、設立時代表取締役などの印鑑証明書。人数分必要） |
| 委任状（司法書士などに登記申請を依頼する場合） |
| 本人確認証明情報 |

・**役員の選任を証する書面 1通**

発起人が役員を選任したときに必要になります。定款で役員を決めたときは不要です。

・**本店所在地決議書**

定款で具体的な所在場所（定款の記載が東京都○○区までのとき）を決めていないときに必要になります。

・**取締役、代表取締役、監査役の就任承諾書 ○通**

役員に就任したことを承諾する書面です。

・**設立時取締役等の本人確認証明書○通**

取締役会設置会社においては就任承諾書に記載した氏名、住所と同一の氏名、住所が記載された住民票の写しなどを添付します。ただし、印鑑証明書を添付する必要がある場合には、別途、本人確認証明書の添付は不要です。

**本人確認証明書**

取締役等の就任承諾書に記載した氏名、住所と同一の氏名、住所が記載された書類のこと。住民票の写しや運転免許証のコピーなどが本人確認証明書となる。

・印鑑証明書 ○通（取締役の人数分、取締役会設置会社の場合は、代表取締役の人数分）

申請書に押された印鑑が本人のものであることを証明するための書面です。市区町村長の作成した印鑑証明書などを添付します。

・払込みがあったことを証する書面1通

銀行の預金通帳などの写しを添付します。

## ■ 場合によって添付が必要な書類もある

・戸籍謄本など

婚姻により改姓した者が、戸籍上の氏名と旧姓を登記簿に併記させたい場合に添付します。

・検査役または取締役の調査報告を記載した書面およびその付属書

発起人が金銭に代えて不動産や動産などの現物を出資した場合に添付します。定款に記載された現物出資の目的物の価格が正しく評価されていることを証明する書面です。

・有価証券（株など）の市場価格を証する書面

現物出資されたものが、市場価格のある有価証券であり、定款に記載した価格が市場価格以下の場合に添付します。

・弁護士などの証明書

現物出資されたものの価格が正しく評価されていることを弁護士や税理士が証明した場合に添付します。

・資本金の額の計上に関する証明書

現物出資がある場合に添付します。会社の代表者が作成し、会社の実印を押印します。

・登記申請の委任状 1通

本人申請の場合には不要ですが、司法書士に登記申請を代理してもらう場合には委任状が必要です。

・印鑑届書

会社を代表すべき者の印鑑（会社の実印）について、印鑑届書を提出します。

**現物出資**
会社設立に際し、発起人が金銭以外の財産を出資すること。

**不動産の現物出資**
不動産を現物出資した場合、不動産鑑定士の鑑定評価を記載した書面の添付も必要になる。

# 設立登記申請における登記すべき事項

①目的　　　②商号　　　③本店および支店の所在場所

④株式会社の存続期間と解散の事由について定款に定めているときは、その定め

⑤資本金の額

⑥発行可能株式総数

⑦発行する株式の内容

⑧単元株式数についての定款の定めがあるときは、その単元株式数

⑨発行済株式の総数とその種類、種類ごとの数

⑩株券発行会社であるときは、その旨

⑪株主名簿管理人を置いたときは、その氏名（名称）と住所、営業所

⑫取締役の氏名

⑬代表取締役の氏名および住所（指名委員会等設置会社の場合を除く）

⑭取締役会設置会社であるときは、その旨

⑮会計参与設置会社であるときは、その旨、会計参与の氏名（名称）と計算書類などの備置場所

⑯一時会計監査人の職務を行うべき者を置いたときは、その氏名（名称）

⑰監査役設置会社であるときは、その旨、監査役の氏名

⑱監査役会設置会社であるときは、その旨、監査役のうち社外監査役であるものについて社外監査役である旨

⑲会計監査人設置会社であるときは、その旨、会計監査人の氏名（名称）

⑳特別取締役による議決の定めがあるときは、その旨、特別取締役の氏名および取締役のうち社外取締役であるものについて、社外取締役である旨

㉑指名委員会等設置会社であるときは、その旨、取締役のうち社外取締役である者について、社外取締役である旨、各委員会の委員および執行役の氏名、代表執行役の氏名および住所

㉒監査等委員会設置会社であるときは、その旨、監査等委員である取締役とそれ以外の取締役の氏名、社外取締役である旨、重要な業務執行の決定の全部または一部を取締役へ委任することができる旨の定款の定めがあるときは、その旨

㉓取締役、会計参与、監査役、執行役または会計監査人の責任の免除についての定款の定めがあるときは、その定め

㉔第427条第1項の規定による非業務執行取締役等が負う責任の限度に関する契約の締結についての定款の定めがあるときは、その定め

㉕監査役の監査の範囲を会計に関するものに限定する旨の定款の定めがあるときは、その定め

㉖貸借対照表の公告をホームページなどで行うときはそのURL

㉗公告方法に関する事項

㉘電子公告に関する事項

# 登記事項証明書の取得

申請した内容が正しく登記されているかを確認する

## ■ 登記が完了すれば登記事項証明書を取得する

登記が完了すると、申請した内容が間違いなく登記に反映されているかを確認するため、登記事項証明書を取得します。

登記事項証明書とは、磁気ディスクで作成された登記簿の内容を紙にプリントアウトし、登記官による認証文が記され、認証印が押印されている書面です。

登記事項証明書には、①現在事項証明書、②履歴事項証明書、③閉鎖事項証明書、④代表者事項証明書の４種類がありますが（詳細については46ページ参照）、従来の登記簿謄本にあたるのは②ですので、登記完了後は履歴事項証明書を取得するようにしましょう。

## ■ 登記事項証明書は郵送やオンラインでも申請できる

登記事項証明書は最寄りの法務局で取得する方法と、管轄法務局に郵送で請求する方法の他、申請用総合ソフト等を利用してオンラインで請求することもできます。

オンライン請求は、登記・供託オンライン申請システムを利用して行い、平日夜９時まで請求できるので便利な上、法務局の窓口で交付請求するよりも手数料が安くすみます。またオンライン請求では、指定した法務局の窓口での受取と、郵送での受取を選択することができます。

手数料ですが、法務局の窓口で交付請求をした場合は、登記事項証明書１通につき600円で、オンライン請求の場合は、郵送受取で１通500円、最寄りの法務局の窓口で受け取れば１通

**登記官**

登記所に勤務する法務事務官のうちから、法務局または地方法務局の長に指定された者。登記所における事務は登記官が行う。

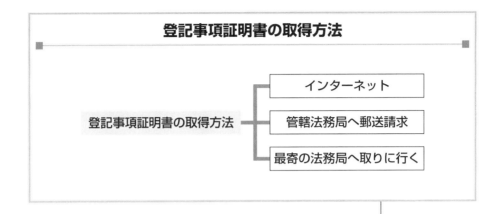

## 登記事項証明書の取得方法

登記事項証明書の取得方法
- インターネット
- 管轄法務局へ郵送請求
- 最寄の法務局へ取りに行く

480円になります。なお、オンライン請求では手数料はインターネットバンキングで電子納付する他、Pay-easyに対応したATMで納付することになります。

### ■ 登記に誤りがあった場合

登記事項証明書を確認して、申請した内容通りに登記がされていれば問題ありませんが、もし、申請した内容とは異なる登記がされている場合は更正登記を行う必要があります。

更正登記とは会社の商号や役員の名前が間違っていた場合や、本店の所在場所の地番が抜けていた場合など、事実と異なる間違い（錯誤）や、記載漏れ（遺漏）があった場合に、事実にあわせるために行われる登記のことです。間違いや遺漏が申請者のミスで生じた場合は、申請者が更正登記を申請する必要がありますが、それが登記官によるものであれば、登記官が職権で更正を行いますので、間違いを発見した場合は速やかに法務局へ連絡するようにしましょう。

**登記事項証明書 交付申請書**

登記事項証明書交付申請書の記載例については巻末246ページ参照。

# Column

## 会社設立に関わる責任

　会社の設立手続中に不正な行為が行われれば、関係者は多大な迷惑を被ります。そのため会社法は、会社設立に関する不正行為について罰則規定を設けてこれを防止する他、発起人や会社設立時の取締役に対して重い責任を課しています。

### ①　出資の履行を仮装したときの責任

　発起人や設立募集株式の引受人が出資の履行を仮装した場合、その発起人・引受人は仮装した出資金の全額の支払義務を連帯して負います。総株主の同意があれば、免責の余地があります。また、仮装に関与した発起人や設立時取締役等は、同様の支払義務を負います。職務執行につき注意を怠っていないことを証明すれば免責されますが、自ら仮装を行った取締役等の免責は認められません。

### ②　不足額てん補責任

　現物出資、財産引受について、目的物の実際の価額が定款に記載された価額に比べて著しく不足する場合に、発起人と設立時の取締役とが連帯して負う、その不足額をてん補（穴埋め）する責任のことです。この責任は、検査役の調査を受けていた場合等には免責されます。ただし、現物出資者、財産引受における財産の譲渡人に該当する場合には、総株主の同意がないと免責されません。

### ③　任務懈怠責任

　発起人や設立時の取締役・監査役は設立中の機関である以上、発起人や設立時の取締役・監査役が当然負うべき注意を尽くして設立に関する任務を行う義務があります。したがって、この任務を怠って損害を生じさせた場合には、会社に対して連帯して損害賠償責任を負わなければなりません。ただし、この任務懈怠責任は過失責任であるため、無過失の場合は免責されます。なお、この損害賠償責任は総株主の同意がなければ免除されません。

# PART 5

## 株式・新株発行の しくみ

# 株主平等原則と種類株式

議決権や配当などについて内容の異なる株式を発行できる

## ■ 株主平等原則

　株主の会社に対する権利は、原則として平等です。つまり、各株式の内容は原則として同一で、その有する株式数に応じて、すべて平等に取り扱わなければなりません。これを株主平等の原則といいます（会社法109条）。

　しかし、株主によって株式会社に対して求めるものは異なります。そのような株主のニーズに対応するために、様々な内容の株式を発行する必要があり、株主平等原則の例外として種類株式の制度が設けられています。

## ■ 会社法に規定されている種類株式の内容

　会社は内容の異なる株式を発行することができます。この内容が異なる種類の株式を種類株式といいます。1種類（単一）の株式のみを発行する会社に対して、2つ以上の内容の異なる種類株式を発行する株式会社のことを種類株式発行会社といいます。具体的には以下の9つの種類株式があります。

①　剰余金の配当に優劣をつける

②　残余財産の分配に優劣をつける

③　議決権の制限を設ける

④　株式の譲渡制限を設ける

⑤　株主の要求によって会社にその株式の取得を請求できる規定を置く（取得請求権規定）

⑥　会社が一定の事由が生じたことを条件としてその株式を取得できる規定を置く（取得条項規定）

**種類株式**

株式の内容・権利にバリエーションをもたせている株式。たとえば、お金は集めたいが、経営に口は出されたくないという場合、株主総会の議決権はないが、利益配当を優先的に受けられる株式（無議決権株式・配当優先株式）を発行することができる。

**種類株式の発行手続き**

内容の異なる種類の株式を発行する場合、定款で、種類株式に関する事項と、発行できる種類株式の数（発行可能種類株式総数）を定めなければならない（会社法108条）。

## 優先株・普通株・劣後株

剰余金の配当について異なる内容の３つの株式

| 優先株 | 普通株 | 劣後株 |
|---|---|---|
| 500円 | 400円 | 300円 |

⇒ 剰余金の配当について、異なる３つの種類の株式を発行している！

⑦　株主総会の決議で会社がある種類のすべての株式を取得できる規定を置く（全部取得条項規定）

⑧　株主総会で決議すべき一定の事項について、株主総会決議だけでなく、この種類株式だけの決議を必要とする（拒否権）

⑨　その種類株式だけの決議によって取締役や監査役を選べる権利をつける（役員選任権）

### ■ 実務上取り扱われている種類株式

実務上活用されている種類株式には以下のようなものがあります。なお、剰余金の配当や残余財産の分配などの株主の権利について制限のない標準的な地位をもつ株式のことを、普通株式といいます。

**・優先株式**

剰余金の配当について優先権が与えられる株式です。剰余金の配当を他の株主よりも優先して受け取れる権利を与えられますが、あわせて、議決権に制限を加える場合が多いようです。このように、普通株式に優先する性質と劣後する性質とをあわせもつ株式を、混合株式ということがあります。

**役員選任権付株式**

役員選任権付株式は指名委員会等設置会社と公開会社では発行することが認められていない。役員選任権付株式を特定の株主が保有し続ける事態は公開会社では望ましくないといえるためである。また、指名委員会等設置会社では、指名委員会に取締役選任についての議案決定権限があるため、役員選任権付株式が制度上なじまないためである。

・劣後株式

剰余金の配当を受け取る権利が他の株主に比べて劣る株式です。

・議決権制限株式

議決権の全部を制限する株式を発行することも、議決権の一部を制限することも可能です。公開会社の場合は議決権制限株式の発行数は、発行済み株式数の2分の1を超えるときは、直ちに2分の1以下とする措置をとる義務がありますが、非公開会社ではこのような制限はありません。

・譲渡制限株式

株式は本来自由に譲渡できるのが原則ですが、株式を譲渡するために株式会社の承認を要件とする株式のことです。

・取得請求権付株式

株主が会社に対して保有株式の買取りを請求できる権利が付いた株式です。取得による株主への対価として他の株式や社債などの他、金銭その他の財産を幅広く認めています。

**種類株式と全株式
の内容の定めの違い**

種類株式とは、権利の内容が異なる2種類以上の株式を発行する場合である。
これに対して、発行するすべての株式の内容として以下の事項を定めることもできる。
・譲渡制限株式とすること
・取得請求権付株式とすること
・取得条項付株式とすること

・取得条項付株式

前述した⑥の特性を持ちます。あらかじめ決められている一定の条件（取得条項）が発生した場合に、会社は株主から強制的にその株式を買い取ることができます。

・全部取得条項付株式

前述した⑦の特性を持ちます。様々な活用法がありますが、会社が事業の再生などで100％減資をしなければならなくなったような場合に株主全員の同意を得ることができなくても株主総会の決議によって減資できる手段としての活用を念頭に導入されました。

・拒否権付株式

拒否権付株式とは、あらかじめ定款で定めた事項について、拒否権を持つ種類株式のことです。前述した⑧の特性を持つ株式の典型です。その事項については、他の株主が賛成していたとしても、拒否権付株式のみによる決議が必要となるため、企

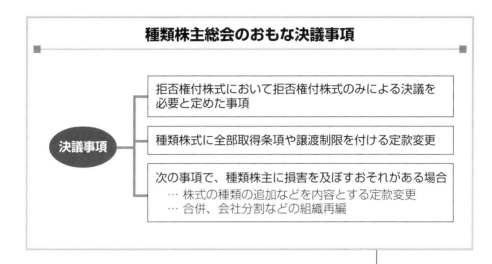

**種類株主総会のおもな決議事項**

決議事項

- 拒否権付株式において拒否権付株式のみによる決議を必要と定めた事項
- 種類株式に全部取得条項や譲渡制限を付ける定款変更
- 次の事項で、種類株主に損害を及ぼすおそれがある場合
  - … 株式の種類の追加などを内容とする定款変更
  - … 合併、会社分割などの組織再編

業買収の阻止などのために利用されます。

**・役員選任権付株式**

前述した⑨の特性を持ちます。指名委員会等設置会社と公開会社では発行が認められていません。

## ■ 種類株主総会とはどんなものなのか

種類株主総会とは、種類株式をもつ株主が集まって議決する集会です。種類株主総会では、拒否権付株式において拒否権付株式のみによる決議を必要と定めた事項や、種類株主に損害を及ぼすおそれがある場合などに種類株主の決議を行います。おもな決議事項は上図のとおりです。種類株主総会の決議は、通常、種類株式の総株主の議決権の過半数をもつ株主が出席し、出席した株主の議決権の過半数で決定します（普通決議）。

もっとも、ある種類の株式について、種類株主総会の決議を必要としないことを定款で定めることもできます。ただ、種類株式発行後に、種類株主総会の決議を必要としない旨の定款変更をするには、その種類株主全員の同意が必要になります。

**特別決議が必要な場合**

種類株主に損害を及ぼすおそれがある定款変更などの場合には、種類株式の総株主の議決権の過半数をもつ株主が出席し、出席した株主の議決権の3分の2以上の多数による決議が必要とされている（特別決議）。

# 株式譲渡自由の原則と制限

法律・定款・契約に基づく制限がある

## ■ 株式譲渡自由の原則と株式譲渡制限

株式会社においては社員の地位が株式となっていて株主の個性は重視されません。ですから、他人に株式を自由に譲渡できることにしても不都合はありません。

また、株式会社には出資を払い戻す制度がありませんので、株主にとっては、株式の譲渡が株式を取得するのに要した資金を回収する唯一の手段です。そこで、投資を回収する機会を確保できるように、会社法は株式譲渡自由の原則を規定しています。例外的に譲渡制限が生じるケースとして、法律による譲渡制限、定款による譲渡制限、個別的な契約による譲渡制限があります。

## ■ 法律による譲渡制限

まず、法律による譲渡制限として以下のものがあります。

### ① 権利株の譲渡制限

権利株とは簡単にいうと株式発行の効力発生前の株式引受人の地位です。効力がまだ発生していないにもかかわらず株式を自由に譲渡できるとすると、仕事が増えて会社の事務が滞ってしまうため、譲渡の効力を会社に主張できないとされています。ただし、当事者間での譲渡の効力は有効と考えられています。

### ② 株券発行前の株式の譲渡制限

株式発行の効力は発生したが、まだ株券を発行していないのに、自由な譲渡が認められると会社の円滑な事務処理が阻害されかねません。そこで①と同様に、株券発行前の株式の譲渡は

## 取締役会非設置会社が定款で譲渡制限をする場合の規定例

（株式の譲渡制限）
第○条　当会社の株式を譲渡により取得するには、株主総会の承認を受けなければならない。但し、当会社の株主が当会社の株式を譲渡により取得する場合は、株主総会の承認をしたものとみなす。
2　前項で定める株式の譲渡を株主総会が承認しない場合、当該株式は株式会社○○○○が買い取るものとする。

法律で制限されています。ただし、譲渡の効力を会社に主張できないだけで、当事者間での譲渡の効力は有効と考えられています。

### ③　子会社による親会社株式の取得の制限

子会社は親会社の株式を持ってはいけないという規制です。親会社は子会社の株式をたくさん持っていて、それを行使して子会社の経営に関与します。この場合に子会社が親会社の株式を取得できるとすると、適切な権利行使を期待できません。そこで子会社は親会社株式を取得してはいけないという規制もなされています。

**子会社による親会社株式の取得の弊害**

たとえば、親会社の株主総会において、親会社の取締役が自分たちの利益となる決議がなされることを狙って、子会社の議決権行使に圧力をかけることが考えられる。

### ■ 定款による譲渡制限

株式会社といっても、身内だけで事業を営む小規模会社が圧倒的多数です。このような会社では好ましくない者の経営参加を阻止する必要があります。そこで会社法は、定款で定めることにより株式譲渡制限株式を発行することを認めています。

### ■ 個別的な契約による譲渡制限

契約による株式譲渡の制限ですので、株式譲渡制限の契約の効果を契約当事者以外に対して主張することはできません。

# 譲渡制限株式の譲渡

会社の譲渡承認が必要

## ■ 株式が譲渡されたときの手続き

　株式の譲渡とは、株主としての権利を他者に移すことです。株式の譲渡は自由に行うことができるのが原則です。例外としてはまず、定款に株式譲渡制限のある場合が挙げられます。株券発行会社でも不発行会社でも、株式の発行会社に対して譲渡の事実を証明し、譲り受けた人が株主の権利を主張するには、株主名簿の書換えが必要です。

　株式の譲渡制限とは、会社が株主に対して自社株式の譲渡に制限を設けることです。中小企業などにおいては、会社にとって好ましくない株主が入り込むことによって円滑な経営が阻害されることも考えられるため、このような制限も可能となっています。多くの中小企業は株式譲渡制限に関する規定を設けています。株主は、会社に対する譲渡承認が否認された場合を見越して、あらかじめ別の譲受人（指定譲受人）を指定するように会社に請求することもできます。株式の買取り価格の決定にあたっては1株当たりの純資産額などが基準となります。

## ■ 株式の譲渡承認の手続き

　譲渡制限株式を譲渡する場合には図（次ページ）のような手続きが必要です。まず、譲渡制限のある株式を譲渡したい株主と譲受人との間で譲渡契約を結びます。この時点で当事者間では譲渡の法的な効力が発生します（株券がある場合は株券の交付も必要です）。次に譲渡人か譲受人のどちらかが会社に対して譲渡の承認を請求します。譲渡の承認が得られれば、譲渡は

**上場企業では
名義書換は不要**

平成21年1月以降、上場企業の株式については株券の電子化に伴い、株券はなくなり電子情報に切り替わっているため、株式の売買が行われたとしても名義書換手続きは不要である。

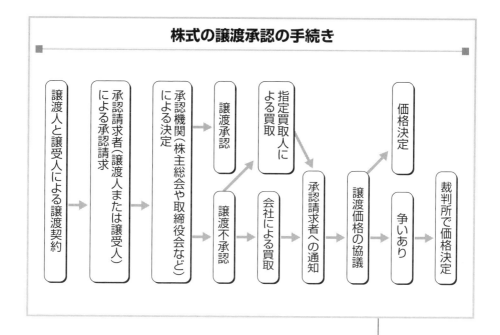

## 株式の譲渡承認の手続き

譲渡人と譲受人による譲渡契約 → 承認請求者（譲渡人または譲受人）による承認請求 → 承認請求者（譲渡人または譲受人）による承認請求 → 承認機関（株主総会や取締役会など）による決定

承認機関による決定 → 譲渡承認 → 指定買取人による買取 → 価格決定

承認機関による決定 → 譲渡不承認 → 会社による買取 → 承認請求者への通知 → 譲渡価格の協議 → 価格決定

譲渡価格の協議 → 争いあり → 裁判所で価格決定

会社に対しても法的効力が発生します。最後に譲渡人と譲受人の両方が共同で株主名義の書換えを請求します。

なお、譲渡承認機関が譲渡を承認しない場合には、定款であらかじめ会社が決めておいた譲渡先に株式を譲渡させることもできます。この制度を活用することで、株式の譲渡を希望した株主が株式を手放せる一方、会社が望ましくないと思っている人物を株主にすることを防ぐことができます。

### ■ 株式譲渡制限の形態

定款への記載により発行するすべての株式に譲渡制限をつけることも、特定の株式だけに制限をつけることもできます。つまり、優先株・普通株・劣後株といった複数の種類の株式を発行した上で、自由に譲渡されることを防ぎたい株式についてだけ譲渡制限をつける、といった対応をすることもできます。

**取締役会以外の機関も承認機関になれる**

定款でそれ以外の機関でも承認機関となることができる（会社法139条1項）。

# 譲渡制限の変更手続き

株主の保護に配慮した手続き

**特殊決議**

議決権を行使できる株
主の半数以上でかつ議
決権を行使できる株主
の議決権の3分の2以
上の賛成を要する決議。

**特別決議**

議決権を行使できる株
主の過半数が出席し、
出席した株主の3分の
2以上の賛成を要する
決議。

**株券発行会社**

株券を発行する旨の定
款の定めがある株式会
社のこと。会社法にお
いては、株券を発行し
ないとするのが原則と
なったため、定款で株
券を発行すると定めた
会社は「株券発行会社
である旨の登記」を申
請する。

## ■ 定款変更をする際に知っておくべきこと

定款変更の際には以下の点を知っておきましょう。

### ① 株主総会の特殊決議

全部の株式に譲渡制限に関する規定の設定をするには株主総
会の特殊決議が必要です。種類株式の内容として譲渡制限規定
を定める場合は、株主総会の特別決議と種類株主総会の特殊決
議が必要です。なお、株式の譲渡制限規定の廃止は、株主総会
の特別決議で行うことができます。

### ② 株券の提供（提出）公告などの手続き

定款変更の決議をした後、株券発行会社では（株式の全部に
ついて株券を発行していない会社を除く）、株券提供公告など
を行い、その会社がすでに発行している株券を回収する必要が
あります。具体的には、定款変更の効力発生日までに株券を提
出しなければならない旨をその日の1か月前までに公告し、か
つ、株主および登録株式質権者に個別に通知します。

### ③ 反対株主の株式買取請求

株式を自由に譲渡できることを前提に当該株式を保有してい
た株主にとって、株式の譲渡に制限がなされることは重大な不
利益になります。そこで株式会社が定款を変更して、株式の譲
渡制限に関する規定を設ける場合には、効力発生日の20日前ま
でに、株主に対し通知または公告をする必要があります。定款
変更に反対する株主は株式会社に対し、自己の保有する株式を
公正な価格で買い取るよう請求することができます。

### ④ 定款変更の効力が発生する時期

## 登記すべき事項の記載例

| | |
|---|---|
| 1 | 当会社の株式を譲渡するには、取締役会の承認を要する |
| 2 | 当会社の株式を譲渡により、取得することについては、株主総会の決議を要する |
| 3 | 当会社の株式を譲渡するには、当会社の承認を受けなければならない |
| 4 | 当会社の株式を株主以外の者に譲渡するには、取締役会の決議を要する |
| 5 | 当会社の株式を譲渡により取得することについては、株主総会の承認を要する。当該株式の譲受人が当会社の株主であるときは、前述の承認があったものとみなす |

定款変更の効力が発生するのは、株主総会の決議が成立した時とするのが原則ですが、株券発行会社の場合、株式譲渡制限に関する規定を設定する場合は、株券提供公告において定められた提出期間が満了した時に発生します。

### ■ 法務局に提出する書類と登記事項

登記申請時には、①登記申請書、②登記すべき事項を記録した磁気ディスク（CD-Rなど）、③株主総会議事録、④種類株主総会の決議を要する場合は、種類株主総会議事録、⑤株券発行会社の場合は、株券の提供公告をしたことを証する書面、または当該株式の全部について株券を発行していないことを証する書面（株主名簿など）、⑥株主リスト、⑦委任状（代理人による申請の場合）を提出する必要があります。

申請書に記載する原因年月日は、効力発生日ですが、通常、株券不発行会社であれば、株主総会の決議日、株券発行会社であれば、株券の提供期間が満了した日の翌日となります。なお登記事項は、定款に記載される文言をそのまま記載します。

**株券の提供公告**

会社が発行している株券を回収するために、株主などになされる通知のこと。

# 株式併合

## 株主保護の規定が設けられている

**株主保護の規定**

会社法は株式併合については株主総会の特別決議を要求し、取締役に株式併合を必要とする理由を開示する義務を課している。また、株主総会の招集通知にも、株式併合についての議案の要領を記載すべきものとして、事前に株主に判断するための機会を与えている。

**事前開示義務**

株式併合を行う株主総会の2週間前の日か、株主への通知日または公告日のうち、早い日を開始日として、株式併合の効力発生後6か月経過日までの間、「株式併合の割合」「株式併合後の発行可能株式総数」などを記載した書面（または電磁的記録）を本店に備えておく必要がある。

**事後開示義務**

株式併合の効力発生後遅滞なく「株式併合後の発行済株式総数」「株式併合後の発行済株式の種類」等を記載した書面を本店に備えておくことが義務付けられている。これらの書面は、株主であれば、いつでも閲覧請求できる。

### ■ 株式併合とは

　「2株を1株」というように数個の株式を1つにまとめることを株式併合といいます。株式併合は、株主の利益に重大な影響を与えることから、会社法では、株主の利益を保護するための規定を設けています。なお、株式併合により1株に満たない端数が生じた場合、一定の要件を満たした株主には、会社に対して株式の買取りを請求できる権利が認められています。

　また、株主保護規定とは別に、情報開示に関するルールも厳格に定められており、株式併合を行う場合には、その効力発生日の20日前までに株主に対して株式併合する旨を通知または公告しなければならないとされています。

　さらに、株式併合を行う株主総会の前後には、それぞれ一定事項を記載した書面を本店に備えておく必要があります（事前・事後開示義務）。

### ■ 株式併合の差止請求

　株式併合は株主に重要な影響を与えます。そこで、会社が行う株式併合が、法令・定款に違反し、かつ株主が不利益を受けるおそれがあるときには、会社に対して株式併合をやめることを請求することができます。

### ■ 株式併合をした場合の4倍ルールの適用

　公開会社では、発行可能株式総数が発行済株式総数の4倍を超えることができないという原則があります。ただ株式併合が

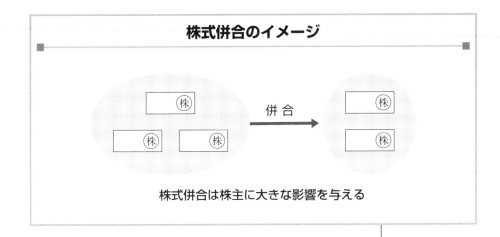

# 株式併合のイメージ

株 → 併合 → 株

株 株 → 株

**株式併合は株主に大きな影響を与える**

行われると、発行済株式総数は併合の限度で減少するものの、発行可能株式総数は当然には減少せず、4倍ルールが徹底されないこともあったため、平成27年の会社法改正からは、株式併合についても4倍ルールが適用されています。

具体的には、株主総会の法定事項に「効力発生日における発行可能株式総数」が追加され、この発行可能株式総数は「効力発生日における発行済株式総数」の4倍を超えることができないとされます。また、株式併合の効力発生日には、決議で定めた発行可能株式総数に定款変更がなされたものとみなされます。

## ■ 株式併合と登記

株式併合を行うと、発行済株式の総数が減少するため、変更登記を申請する必要があります。登記すべき事項は「発行済株式の総数並びにその種類および種類ごとの数」とその変更年月日です。添付書面は、株主総会議事録、株主リスト、委任状（代理人による申請の場合）の他、種類株主総会議事録（数種の株式を発行している会社で、株式併合がある種類の株主に損害を及ぼすおそれがある場合）や、株券提供公告をしたことを証する書面等（株券発行会社の場合）を提出する必要があります。

<aside>

**株式買取請求権**

株式併合を行うと、それぞれの株主に1株に満たない端数が生じることがある。このような端数を有していても株主にはメリットがないため、株主には端数となる株式全部を公正な価格で買い取るよう会社に請求できる。

**株券発行会社**

株券発行会社が株式併合をした場合、株券提供公告をしたことを証する書面または当該株式の全部について株券を発行していないことを証する書面も添付する必要がある。

</aside>

# 株式の分割・無償割当・消却

· · · · · · · · · · · · · · · · · · · · · · · · · · · · · · · · · · · · · ·

## 会社は株式の数を調整できる

### ■ 株式の分割とは

　株式の分割とは、既存の株式を細分化して以前よりも多数の株式とすることをいいます。たとえば「１株を２株に」または「２株を３株に」というように株式を分けることです。

　株式の分割は、１株当たりの株価が高騰した場合に株価を引き下げ、一般の小口投資家の株式購入を容易にし、また株式を譲渡しやすくする効果があります。

　資本の額は変更されず、既存株主の株式保有割合は変わりませんので、既存株主の利益に実質的な影響はありません。そのため、そのつど、株主総会（取締役会設置会社では取締役会）の決議によって、決定することができます。

### ■ 株式の無償割当

　株式会社は、通常、株式を株主に割り当てる場合には、それと引替えに株主に金銭の払込みをさせるのですが、その払込みをさせないで、株主に株式を割り当てることです。

　株式の無償割当により資本金は変わらず、株主の有する株式は増加しますが、株主の株式保有割合は変わりません。また、株式の無償割当をする場合には、株主に割り当てる株式の数やその算定方法などを株主総会（取締役会設置会社の場合には取締役会）の決議によって決定しなければなりませんが、株主に対して不利益になることではないため、定款により、別段の定めをすることもできます。

　株式の分割によく似ていますが、株式の分割の場合には、会

**無償割当を行う
ケース**

証券市場などの上場準備のために、発行済株式数を増加する必要が生じた際などの場合に、この方法が利用される。

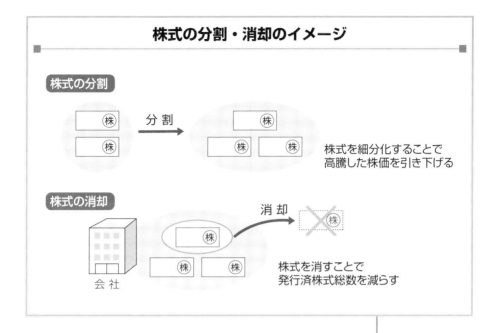

## 株式の分割・消却のイメージ

**株式の分割**

分割

株式を細分化することで
高騰した株価を引き下げる

**株式の消却**

消却

会社

株式を消すことで
発行済株式総数を減らす

社が保有する自己株式も他の株式と同様にその保有数が増加します。しかし、株式の無償割当の場合には、自己株式に対して、株式の割当てはできませんので、自己株式の保有数は増加しません。このような違いがあります。

## ■ 株式の消却

　株式の消却とは会社が株主から株式を取得した上でなされる自己株式の消却を意味します。会社は自己株式の取得手続きに従った上で、取締役会の決議（取締役会非設置会社では取締役の過半数の一致）で株式を消却することになります。自己株式の消却により、発行済みの株式が減少することから、配当金の総額が同じであれば株主が受け取る配当金が増えることになります。つまり、自己株式の消却には株主還元の意味があるといえます。また、株式の数が減るので一株当たりの株式の価値が上がることにもつながります。

**株式の消却**

会社法では株式の消却については自己株式の消却のみ認めるという形で規定が整理されている。

# 新株発行

変更後の発行済株式の総数と資本金の額を登記する

## ■ 新株発行による増資

　会社が事業を拡大していく上で資金の調達は欠かせません。資金調達源は、企業内で調達する内部資金と企業外から調達する外部資金に分けることができます。外部資金の調達の方法としては、直接市場から資金を集める新株発行や社債の発行があります。

　株式会社が、会社成立後に資金調達等のために新たに株式を発行することを新株発行といいます（自己株式の処分とあわせて、募集株式の発行と呼びます）。

　募集株式の発行の方法には、①既存株主の保有株式数に応じた割合で募集株式の割当てを受ける権利を与える「株主割当による方法」と、②特定の第三者に募集株式を割り当てる「第三者割当による方法」、③一般投資家から募集株式の引受けを募集する「公募発行」（募集事項の決定機関は②と同じ）の３種類があります。なお、特定の株主についてのみ募集株式の割当てを受ける権利を与える場合は、②の第三者割当に該当します。

## ■ 新株発行の手続き

　公開会社か非公開会社かにより新株発行の手続きが異なります。

### ・公開会社の場合

　会社が募集株式を発行しようとする場合には、募集株式の数や、株式の払込金額、出資の履行方法など、募集事項を決定しなければなりません。公開会社では、原則として取締役会の決議で第三者割当の新株発行を行うことができます。もっとも、

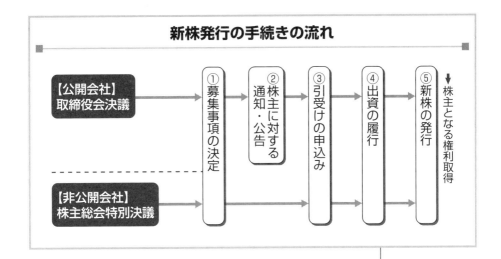

**新株発行の手続きの流れ**

| | ① 募集事項の決定 | ② 株主に対する通知・公告 | ③ 引受けの申込み | ④ 出資の履行 | ⑤ 新株の発行 | ↓ 株主となる権利取得 |

【公開会社】取締役会決議

【非公開会社】株主総会特別決議

第三者に対して、払込金額が株式の時価に比べて大幅に低下額で売却されるなど特に有利な金額で新株を発行する場合には、株主総会の特別決議が必要です。

第三者割当の場合、取締役会決議において、ⓐ発行する株式の数、ⓑ1株当たりの払込金額（代金）、ⓒ金銭以外の財産を出資する場合の財産の内容・価額、ⓓ金銭の払込みや財産の給付を行う期日・期間、ⓔ増加する資本金および資本準備金に関する事項について決定します（会社法199条）。

また、第三者割当は、既存株主の議決権割合を低下させることから、新株発行の差止請求権を行使する機会を与えるため、払込期日・期間の初日の2週間前までに株主に対し、新株発行の内容（募集事項）を個別に通知または公告する必要があります。

**・非公開会社の場合**

株式が譲渡制限されている非公開会社では、他の者が新たに株主として参入することにももともと消極的だといえます。

そこで、募集事項の決定について有利発行の場合ではなくても株主総会の特別決議が必要とされています。

ただし、募集株式の上限と払込金額の下限を株主総会特別決

**有利発行の判断**

実務上は、「特に有利な金額」がどの程度の金額なのかが問題になっている。その点、上場会社の株式については、市場価格の1割引程度であれば特に有利な金額にはあたらないとされている。一方、市場価値のない株式については、会社の資産、収益、配当、類似する会社の株式価格などを考慮して判断する。

**非公開会社の場合**

非公開会社では、募集事項の決定は株主総会決議で行う。ただし、株主割当の場合には、定款で取締役または取締役会に授権している場合は取締役または取締役会の決議で募集事項の決定を行う。

議によって定めるなど一定の要件を満たす場合、その他の募集事項については取締役（会）に委任することは認められています。

## ■ 公開会社で支配株主の異動を伴う場合

公開会社の場合、募集株式の発行内容は取締役会で決定することができます。株主総会決議を通さなくてもすむため、機動的に資金を調達することができます。

ただし、一定の場合には株主総会決議が必要になるケースがあります。具体的には、募集株式の発行によって引受人が議決権の過半数を持つに至る場合（「支配株主の異動が生じる場合」といいます）で、総株主の議決権の10分の1以上を持つ株主が支配株主の異動を伴う株式の発行に反対の意向を会社に対して示した場合に、株主総会の普通決議による承認を得なければなりません。

**緊急の場合は総会決議不要**

会社の財政が著しく悪化していて資金調達に緊急の必要があるときは支配株主の異動が生じる場合であっても株主総会の決議は不要とされている。

## ■ 募集事項決定後の手続き

募集事項が決定すれば、株主または株式を引き受けようとする者に募集事項を通知します。通知を受けた株主または当該第三者は、会社に対し、①氏名（名称）および住所と、②引き受けようとする募集株式の数を記載した募集株式申込証を交付します。交付を受けた会社は、申込者の中から募集株式を割り当てる者と割り当てる募集株式の数を決定します。この決定は、募集株式が譲渡制限株式である場合には、株主総会の特別決議（取締役会設置会社であれば取締役会決議）によらなければなりません（譲渡制限以外の株式であれば代表取締役が決定することができます）。その後、割当てを受けた者は所定の払込期日（期間）に出資金を払い込むことで株主となります。

なお、新株の発行による増資を行った場合、発行済株式数と資本金の額に変更が生じるため、変更登記の申請が必要です。

## 支配株主の異動を伴う募集株式の割当てと総会決議

**公開会社** （原則）取締役会決議によって新株発行が可能

 募集株式の引受人

当該会社の株式　子会社の株式　過半数を超える議決権 ＝支配株主の異動

（公開）会社がとるべき措置は…

**①株主に対する情報開示**
引受人の名前等や議決数などを通知する（公告でも可）

**②株主総会の承認**
総株主の議決権の1/10以上を持つ者が引受けに反対した場合、株主総会決議（普通決議）による承認が必要

### ■ 募集株式の発行についての登記申請書

　登記の申請は払込期日または期間の末日から2週間以内に行う必要があります。登記すべき事項は募集株式の発行後の発行済株式総数と、資本金の額およびこれらの変更年月日（払込期日または払込期間の末日）となります。登録免許税は「増加した資本金額×1000分の7（3万円に満たないときは3万円）」です。新株発行により払い込まれた額（たとえば2000万円）のうち、2分の1を超えない額（1000万円）は資本準備金として資本金には計上しない旨の設定をした場合には、資本金として計上する1000万円を基準に計算します。

　添付書面は、株主総会議事録や取締役会議事録など募集事項の決定を行った機関の議事録と、募集株式の引受けの申込みを証する書面（募集株式申込証）、払込みがあったことを証する書面（通帳のコピーを合綴したもの）、資本金の額の計上を証する書面となります。

# 新株予約権

事前に決められた価格で株式を買い取ることができる
権利

## ■ 新株予約権の発行手続き

　新株予約権とは、会社の株式を事前に決められた価格で会社
から買い取ることができる権利です。買取りの対象は、新株で
も、会社がすでに発行している自己株式でもかまいません。

　新株予約権を発行するための手続きとして、特に新株予約権
を募集の形で発行しようとする場合には、新株発行の手続きと
類似の手続きを経ることになります。

　もっとも、新株発行の場合は出資の払込みが完了した時点で
株主の地位が生じますが、新株予約権の場合は、新株予約権の
対価の払込みがされたかどうかにかかわらず、募集事項におい
て定める割当日に、新株予約権者の地位が生じることに注意が
必要です。つまり、新株発行手続きと同様に、申込みを経て割
当てが行われますが、割当てが終了した段階で、権利者は確定
し、新株予約権の対価の払込みを行わない者は、新株予約権を
行使できないにすぎません。

　そして、募集新株予約権についても、公開会社と非公開会社
とでは扱いが異なります。公開会社では新株予約権を発行する
際は原則として取締役会の決議が必要です。非公開会社は株主
総会の決議（特別決議）が必要になりますが、株主総会で発行
に関する主要な項目を決議すれば、具体的な項目の設定を取締
役会に一任することができる場合があります。

　新株予約権の発行に関するルールは株式と同じです。証券に
関しては、不発行が原則です。新株予約権の行使は会社への請
求と権利行使価格分のお金を払い込むことで完了します。

**買取請求権を
行使する場合**

買取り請求権を行使す
る場合、会社は新株予
約権の保有者に対して
これらの事由の効力発
生日の20日前までに、
もしくは、株主総会決
議等の日から２週間以
内（事由により異なる）
に通知するか、公告し
なければならない。

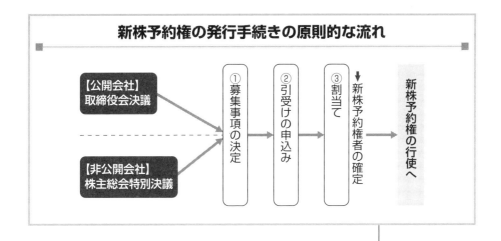

## 新株予約権の発行手続きの原則的な流れ

【公開会社】
取締役会決議

【非公開会社】
株主総会特別決議

→ ① 募集事項の決定 → ② 引受けの申込み → ③ 割当て 新株予約権者の確定 → 新株予約権の行使へ

---

なお、以下のようなケースにおいて、会社に対する新株予約権の買取請求権が認められています。

・会社が組織変更（株式会社の持分会社への変更および持分会社の株式会社への変更のこと）した場合
・合併により会社が消滅する場合
・会社分割により会社が分割する場合
・株式交換などにより会社がある会社の完全子会社になる場合

### ■ 新株予約権無償割当とは

新株予約権を株主に割り当てる方法として、新株予約権無償割当という方法があります。新株予約権無償割当は、前述した募集新株予約権の発行を無償で株主に割り当てる場合と類似していますが、こちらは、あくまでも株主の申込みを待って初めて割り当てられるもので、株主に対して当然に割当てが行われる新株予約権無償割当とは異なります。

新株予約権無償割当（ライツ・イシュー）は、権利行使価額が市場の株価に比べて比較的安い価格に設定されるため、株主による権利行使を期待できるもので、会社の資金調達上、非常に便利な制度だといえます。

**保有者が買取請求をしてきた場合**

会社は請求者と買取価格を協議する。買取金額で合意できた場合は、買取請求のきっかけになった事由の効力発生日、もしくは、設立会社の成立の日（事由により異なる）から60日以内に買取代金の支払が行われなければならない。

**新株予約権無償割当**

新株予約権無償割当とは、株主に対して、新たに払込みをさせることなく、持っている株式の割合に応じて新株予約権を割り当てること。

**ライツ・イシュー**

新株予約権無償割当を活用した資金調達・増資のこと。「ライツ・オファリング」と呼ぶこともある。

新株予約権無償割当を行う場合、割当ての効力発生日後、遅滞なく、会社は、株主に対して新株予約権の内容について通知をします（割当通知）。株主は、通知された内容に基づいて新株予約権の行使を検討するわけですが、十分な検討の余裕を与える必要があります。そこで、割当通知の送付期限はないものの、割当通知が株主に到達してから2週間以内に新株予約権の権利行使期間が終了する場合は、権利行使期間が割当通知到達後2週間まで延長されることになります。

　なお、上場規程では、新株予約権無償割当の権利行使期間の満了日は基準日から2か月以内であることが求められています。

## ■ 公開会社の支配株主の異動を伴う新株予約権割当の特則

　公開会社の新株発行について、支配株主の異動を伴うような、議決権の過半数となる新株が発行される場合には、株主に対する情報公開が義務付けられるとともに、株主総会の承認を得なければならないと定められています。

## ■ 新株発行の瑕疵と株主の対抗手段

　新株予約権の募集手続きに問題（瑕疵）がある場合には、新株発行手続きと同様で、基本的にこれを事前に差し止める措置と、事後的に募集新株予約権発行無効の訴えを提起する方法を用意しています。つまり、新株予約権の発行が法令や定款に違反しており、株主が不利益を被るおそれがある場合には、募集新株予約権の発行差止請求権を行使することができます。

　また、新株予約権の発行について著しい法令違反などがある場合には、新株予約権発行無効確認の訴え、そして、瑕疵の程度が新株予約権の発行が存在したと認められないような場合には、新株予約権発行不存在確認の訴えを提起できる点についても新株発行の場合と同様です。

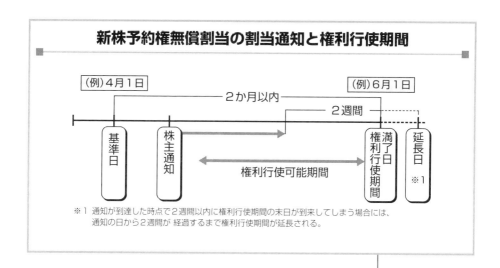

新株予約権無償割当の割当通知と権利行使期間

(例) 4月1日 　　(例) 6月1日

2か月以内

2週間

基準日 — 株主通知 — 権利行使可能期間 — 満了日・権利行使期間 — 延長日 ※1

※1　通知が到達した時点で2週間以内に権利行使期間の末日が到来してしまう場合には、通知の日から2週間が 経過するまで権利行使期間が延長される。

## ■ 関係者の責任

　新株発行の瑕疵と株主の対抗手段の他にも、新株予約権発行をめぐって、払込金額などで不公正な手段を用いた者に対して、民事上の責任を追及する手段が用意されています。取締役等の責任については、必要な株主総会の特別決議を経ずに、特に有利な払込金額で新株予約権発行等を行った取締役等の会社に対する損害賠償責任や、現物出資の価額の不足を補てんする責任、仮装払込みに関与した場合の責任があります。そして、引受人については、不公正な払込金額で新株予約権を行使した者の公正な価額との差額の支払義務、現物出資の価額の不足を補てんする責任、仮装払込みの場合の払込義務の継続があります。

## ■ 新株予約権に関する登記について

　新株予約権を発行したときは、変更登記が必要です。特に重要な登記事項として、募集新株予約権の払込金額が挙げられます。もっとも、登記申請時に払込金額が確定していない場合には、払込金額の算定方法を登記しなければなりませんので、注意が必要です。

# Column

## 単元株制度

　株主が議決権を行使するのに最低必要な株数を単元株といいます。株主総会の議案に対して1票を投じることができる最低限の株数のことで、証券取引所で取引できる最低単位でもあります。単元株に満たない株式を単元未満株といいます。

　1単元を何株にするかは、1000株および発行済み株式の200分の1を超えない範囲で原則として会社が定款で自由に決めることができます。株式事務としては、会社が単元株を新しく定める場合は株主総会で定款変更の決議が必要になります。一方、すでにある単元の株式数を減少する場合、あるいは単元株制度を廃止する場合は、取締役会の決議（または取締役の過半数の決定）で足ります。

　株式会社が単元株式数を新たに設定または変更したり、廃止する場合には、その変更の登記を申請する必要があります。

　単元株式数の設定または変更した場合は「設定または変更後の単元株式数とその変更年月日」が、廃止した場合は「単元株式数を廃止する旨およびその廃止の年月日」が登記すべき事項になります。登録免許税は申請1件につき3万円です。株主総会議事録、委任状（代理人による申請の場合）が添付書面になります。単元株式数を減少する場合や廃止する場合には株主総会の決議は不要ですので、株主総会議事録に代えて取締役会議事録または取締役の過半数の一致を証する書面を提出します。

　なお、単元株制度では、単元株式の保有者だけがその保有分に応じて議決権を有し、単元未満株主には議決権は認められていません。そこで、このような株主を救済する制度として、単元未満株主には、会社に対して自己が保有する単元未満株式を買い取るよう請求できる買取請求権と、自己の保有する単元未満株式と併せて単元株式となる数の株式を売り渡すよう請求できる売渡請求権が認められています。

# PART 6

# 株式会社の機関の
# しくみ

# 機関と機関設計

会社の行為や意思決定をする人や組織が機関

## ■ 様々な機関がある

　会社などの法人は、生身の人間のように肉体や意思をもつものではありません。そこで、法人の行為や意思決定を行うための人や組織が必要になります。このように会社の行為や意思決定をする人や組織を会社の機関といいます。

　会社法上、株式会社の機関として規定が置かれているのは、ⓐ株主総会、ⓑ取締役（会）、ⓒ代表取締役、ⓓ監査役（会）、ⓔ監査等委員会または指名委員会等、ⓕ執行役・代表執行役、ⓖ会計監査人、ⓗ会計参与です。会社法は、これらの機関が調和のとれた活動を行えるように様々な規定を設けています。会社法の機関に関する規定の特徴は、会社の規模や性質（大会社かそれ以外の会社か、公開会社か非公開会社か）に応じて、機関の設置を義務付けるかどうかを決めていることです。非公開会社とは発行しているすべての株式につき定款で譲渡制限が設けられている会社のことで、それ以外は公開会社とされています。

## ■ 機関設計のルール

　上記のⓐ〜ⓗまでの機関は、勝手な組み合わせでは設置できません。それは、会社法により、設置することが可能な機関の組み合わせ等が規定されているからです。

　まず、監査等委員会設置会社および指名委員会等設置会社以外の取締役会設置会社は、監査役を置かなければなりません。ただし、そのような取締役会設置会社でも、非公開会社で会計参与を置く場合は、監査役を置かなくてもかまいません。

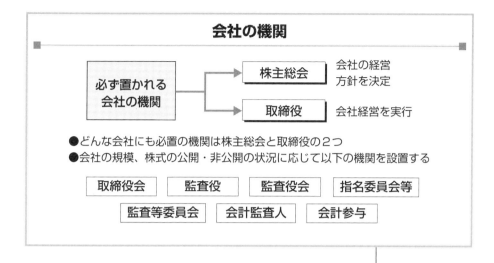

# 会社の機関

必ず置かれる
会社の機関

→ 株主総会　会社の経営方針を決定

→ 取締役　会社経営を実行

●どんな会社にも必要の機関は株主総会と取締役の2つ
●会社の規模、株式の公開・非公開の状況に応じて以下の機関を設置する

取締役会　　監査役　　監査役会　　指名委員会等

監査等委員会　　会計監査人　　会計参与

取締役会設置会社は、株主総会の権限が縮小される一方で取締役会が大きな権限を持つため、業務執行を監査する監査役の設置が義務付けられます。ただし、監査等委員会設置会社および指名委員会等設置会社は、監査等委員や監査委員が業務執行を監査しますから、監査役は不要とされます。また、非公開会社では、所有と経営が必ずしも分離していないため、監査役ではなく会計参与を設置することでもよいとされました。

次に、監査等委員会設置会社および指名委員会等設置会社以外の会計監査人設置会社は、監査役を置かなければなりません。それは、会計監査人が、取締役会等の影響を受けずに公正に監査を行うためには、会計監査人の選任・解任の権利を取締役ではなく監査役が持つべきだからです。

他方で、監査等委員会設置会社および指名委員会等設置会社は、監査役を置くことはできませんが、会計監査人を必ず置かなければなりません。

また、大会社は、監査役会と会計監査人を置かなければなりません。ただし、非公開会社、監査等委員会設置会社および指名委員会等設置会社には、この規定は適用されません。

**所有と経営の分離**

会社の所有者である株主と会社の経営者である取締役等とを、制度上、分離する考え方。

**大会社**

資本金5億円以上または負債が200億円以上の株式会社のこと。

なお、公開会社でない大会社は、監査役会の設置は任意ですが、会計監査人は置かなければなりません。

## ■ 機関設計のパターン

機関設計のルールは概ね前述したとおりです。結局、会社法上、すべての株式会社に設置が義務付けられているのは株主総会と取締役だけです。代表的な機関設計のパターンを見ていきましょう。

### ・株主総会＋取締役

もっともシンプルな機関設計です。小規模な会社の場合はこのパターンが多いようですが、その他の機関を設置してはいけないというわけではありません。小さな会社で非公開会社の場合であれば、かなり自由な機関設計が可能だといえます。

### ・株主総会＋取締役会＋監査役

この機関設計を採用している会社は極めて多いといえます。このパターンで非公開会社の場合、定款で定めることにより監査役の監査範囲を会計に関するものに限定することができます。

### ・株主総会＋取締役会＋監査役＋会計監査人

株主総会＋取締役会＋監査役という機関設計を採用している会社は会計監査人を置くことができます。

### ・株主総会＋取締役会＋監査役会＋会計監査人

株式を上場する会社の多くが、このパターンを採用しています。株式上場などによって株主数が増えると、取締役の職務執行が適正であるかをより厳しくチェックする必要性が高まるため、上場に伴い、監査役会の設置が求められます。

なお、監査等委員会設置会社や指名委員会等設置会社においては、「監査役会＋会計監査人」ではなく、「監査等委員会＋会計監査人」や「指名委員会等設置会社＋会計監査人」という機関設計を選択しなければなりません。

# 機関設計のパターン

| | | 株主総会 | 取締役 | 取締役会 | 監査役 | 監査役会 | 指名委員会等 | 監査等委員会 | 会計監査人 | 会計参与 |
|---|---|---|---|---|---|---|---|---|---|---|
| 非公開会社（大会社除く） | ① | ○ | ○ | | | | | | | △ |
| | ② | ○ | ○ | | ○ | | | | | △ |
| | ③ | ○ | ○ | | ○ | | | | ○ | △ |
| | ④ | ○ | ○ | ○ | | | | | | ○ |
| | ⑤ | ○ | ○ | ○ | ○ | | | | | △ |
| | ⑥ | ○ | ○ | ○ | ○ | ○ | | | | △ |
| | ⑦ | ○ | ○ | ○ | ○ | | | | ○ | △ |
| | ⑧ | ○ | ○ | ○ | ○ | ○ | | | ○ | △ |
| | ⑨ | ○ | ○ | ○ | | | | ○ | ○ | △ |
| | ⑩ | ○ | ○ | ○ | | | ○ | | ○ | △ |
| 非公開会社（大会社） | ⑪ | ○ | ○ | | ○ | | | | ○ | △ |
| | ⑫ | ○ | ○ | ○ | ○ | | | | ○ | △ |
| | ⑬ | ○ | ○ | ○ | ○ | ○ | | | ○ | △ |
| | ⑭ | ○ | ○ | ○ | | | | ○ | ○ | △ |
| | ⑮ | ○ | ○ | ○ | | | ○ | | ○ | △ |
| 公開会社（大会社除く） | ⑯ | ○ | ○ | ○ | ○ | | | | | △ |
| | ⑰ | ○ | ○ | ○ | ○ | ○ | | | | △ |
| | ⑱ | ○ | ○ | ○ | ○ | | | | ○ | △ |
| | ⑲ | ○ | ○ | ○ | ○ | ○ | | | ○ | △ |
| | ⑳ | ○ | ○ | ○ | | | | ○ | ○ | △ |
| | ㉑ | ○ | ○ | ○ | | | ○ | | ○ | △ |
| 公開会社（大会社） | ㉒ | ○ | ○ | ○ | ○ | ○ | | | ○ | △ |
| | ㉓ | ○ | ○ | ○ | | | | ○ | ○ | △ |
| | ㉔ | ○ | ○ | ○ | | | ○ | | ○ | △ |

※表中の○は必ず設置しなければならない機関、△は設置しても設置しなくてもよいという機関。

※それぞれの会社の種類によって機関設計のパターンを複数選択できる。

※会計参与は④のパターンを除いて、いずれの機関においても任意に設置できる。そのため、株式会社の機関設計は、全部で47種類となる。

※令和元年の会社法改正により公開会社の大会社で、発行する株式について有価証券報告書の提出義務を負う会社が㉒の機関設計を行う場合は、社外取締役を設置しなければならないとされた。

# 取締役会設置会社と公開会社

取締役会設置会社等は、取締役会決議により多くの事
がらを決定することができる

## ■ 取締役会設置会社とは

　取締役会設置会社とは、取締役会を置いている株式会社のことです。取締役会を置くかどうかは任意ですが、公開会社や、監査役会を設置する会社、指名委員会等設置会社、監査等委員会設置会社では、取締役会の設置が義務付けられています。

　取締役会を設置しない会社（取締役会非設置会社）は、通常は小規模会社です。小規模会社では、事業の規模が小さいため、組織を複雑にする必要はありません。これに対して、取締役会設置会社は、ある程度規模の大きい株式会社で会社が効率的に機能するように様々な規制がなされています。

　取締役会を設置した場合には、株主総会は、会社法に規定のある事項や定款で定めた事項しか決議することはできません。一方、小規模会社では、株主の数も少なく、組織も単純ですから、取締役会を設置しない会社の場合には、会社に関する事項は何でも株主総会で決めることができることにしています。これを株主総会の万能性といいます。

## ■ 公開会社・非公開会社の特徴とは

　すべての株式について譲渡制限がないか、または一部の株式についてだけ譲渡制限がある株式会社を公開会社といいます。一般的に公開会社とは、上場会社（証券取引所に株式を上場している会社）のことを意味しますが、これとは意味が異なるため注意してください。

　一方、すべての株式の譲渡につき会社の承認を必要とする株

**取締役会設置会社に対する規制**

取締役会設置会社の場合、株主総会では、会社法や定款に定める基本的な事項だけを決議し、その他は取締役会で決議するとされている。また、取締役会に権限を好き勝手に行使させないよう取締役を監視するために、監査役または会計監査人の設置が義務付けられている。

**公開会社の特徴**

公開会社には、株主が入れ替わることが予定されている、大規模会社であることが多い、誰もが安心して株主になれるように、「経営の適正化」の要請が強いという特徴がある。

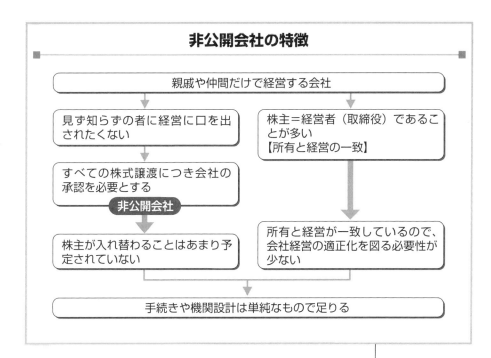

**非公開会社の特徴**

親戚や仲間だけで経営する会社

見ず知らずの者に経営に口を出されたくない

株主＝経営者（取締役）であることが多い
【所有と経営の一致】

すべての株式譲渡につき会社の承認を必要とする
**非公開会社**

株主が入れ替わることはあまり予定されていない

所有と経営が一致しているので、会社経営の適正化を図る必要性が少ない

手続きや機関設計は単純なもので足りる

式を発行している株式会社を非公開会社（全部株式譲渡制限会社）といいます。親戚や仲間だけで経営を行うような、事業規模の小さい会社は、非公開会社であることが多いといえます。

## ■ 商業登記との関係

「取締役会設置会社かどうか」「公開会社かどうか」という基準は商業登記との関係で重要な意味をもちます。

たとえば、募集株式の発行の決議機関は、非公開会社の場合は株主総会ですが、公開会社の場合は原則として取締役会（有利発行の場合などの例外あり）です。つまり、公開会社かどうかの区別により、登記申請書に添付する添付書面が変わってくることになります。この点には注意をする必要があるでしょう。

# 親会社と子会社の関係

支配・従属関係を考慮した取扱いがなされる

## ■ 支配・従属関係にある

　ある株式会社の総株主の議決権の過半数をもつ会社またはある株式会社の経営を支配している会社を親会社といい、総株主の議決権の過半数をもたれている株式会社あるいは経営を支配されている会社を子会社といいます。ある会社の発行済株式の全部をもつ会社を完全親会社といい、発行済株式の全部をもたれている会社を完全子会社といいます。

　このように親会社と子会社の関係は、支配・従属関係に立ちます。会社法は、たとえば、親会社社員は、権利行使に必要があるときは裁判所の許可を得て、子会社の定款や会計帳簿の閲覧やその写しの交付を請求することを認めています。

## ■ 子会社による親会社株式の取得の禁止

　親会社は子会社の株式を保有することで、子会社を支配しています。そのため、子会社が親会社の株式を自由に取得できるとなれば、実質的に自己株式取得と同様の弊害が生ずる危険性があることから、子会社はその親会社の株式を取得することは原則として禁止されています。なお、例外的に取得が許容されるケースもあるのですが、その場合であっても、親会社の株式を取得した子会社は、相当な時期に親会社の株式を処分しなければならないとされています。

## ■ 例外的に親会社株式を取得できる場合

　前述したように親子会社の支配・従属関係から、子会社がそ

**議決権の行使**
親子会社のように過半数までは株式を取得されてはいないものの、総株主の議決権の4分の1以上を保有されている会社は、それを保有している会社の株式を取得したとしても、議決権を行使することができない。適正な議決権行使が期待できないためである。

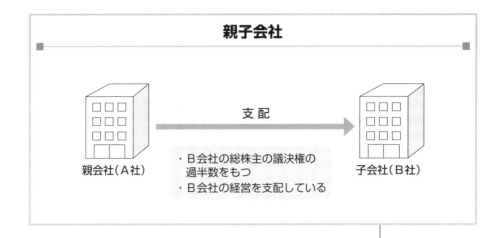

**親子会社**

支配

親会社（A社）

・B会社の総株主の議決権の
　過半数をもつ
・B会社の経営を支配している

子会社（B社）

の親会社の株式を取得することは原則として禁止されています
が、例外的に次の場合には取得が許されます。

①　他の会社の事業の全部を譲り受ける場合に、その会社が
　　もっている親会社の株式を譲り受ける場合

②　合併後に消滅する会社から親会社の株式を承継する場合

③　吸収分割によって他の会社から親会社の株式を承継する場合

④　新設分割によって他の会社から親会社の株式を承継する場合

　なお、総株主の議決権の4分の1以上を保有されている会社
は、それを保有している会社の株式について議決権を行使する
ことができません。

■ **持株会社とは**

　持株会社とは、他の株式会社の株式を保有することを通じて、
収益を得る目的を持った会社のことを指します。持株会社は、
原則として、自ら事業の運営を行いません。持株会社の制度を
用いることで、複数の企業間で統一した指揮系統の下での事業
経営が可能になることから、グループ企業を形成しやすいとい
うメリットがあります。

**吸収分割**

すでに存在している会
社に分割する会社の権
利義務の全部または一
部を承継させる会社分
割のこと。たとえば、
A社が自社の販売部門
を切り離してすでに存
在している販売会社B
に承継させる場合など
が吸収分割である。

**新設分割**

会社を新設して、その
新設会社に分割する会
社の権利義務の全部ま
たは一部を承継させる
会社分割のこと。A社
がその事業の一部を新
たに設立したB社に承
継させる分社化はこの
ケースにあたる。

# 株主総会

・・・・・・・・・・・・・・・・・・・・・・・・・・・・・・・・・・・・・・・・・・・・・・・・・

## 株式会社における最高の意思決定機関である

### ■ 株主総会の招集手続きはどうなっているのか

　株主総会とは、株式会社のオーナーである株主によって構成される株式会社の最高意思決定機関です。取締役会を設置しない場合、株主総会では、法律に定められた事項の他、会社の組織・運営・管理など株式会社に関する一切の事項を決議することができます。

　ただ、取締役会を設置した場合は、会社法や定款で定められた会社の基本的重要事項についてだけ、決議することができます。

　株主総会の招集は、原則として取締役が行います。決算期ごとに招集される定時総会と必要に応じて招集される臨時総会があります。公開会社の場合、株主への招集通知は、株主総会の日の2週間前までに出さなければなりません。非公開会社の場合は、原則として1週間前までに出せば足ります。ただ、株主全員の同意があれば招集手続きを省略することができます。

### ■ 決議の方法は3つある

　株主総会での決議は多数決の原則で決められます。決議には、次の3種類があります。

① **普通決議**

　原則として議決権を行使することができる株主の議決権の過半数をもつ株主が出席し、出席した株主の議決権の過半数を必要とする決議です。法律や定款で決議方法が定められていない事項について決議する場合には、普通決議によるのが原則です。

**公開会社**

全部または一部の株式に譲渡制限のない会社。

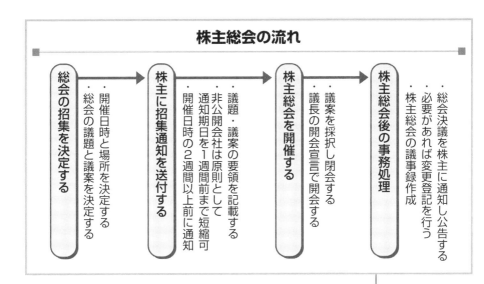

## 株主総会の流れ

| 総会の招集を決定する | 株主に招集通知を送付する | 株主総会を開催する | 株主総会後の事務処理 |
|---|---|---|---|
| ・開催日時と場所を決定する<br>・総会の議題と議案を決定する | ・非公開会社は原則として通知期日を1週間前まで短縮可<br>・議題・議案の要領を記載する<br>・開催日時の2週間以上前に通知 | ・議案を採択し閉会する<br>・議長の開会宣言で開会する | ・総会決議を株主に通知し公告する<br>・必要があれば変更登記を行う<br>・株主総会の議事録作成 |

### ② 特別決議

原則として議決権を行使することができる株主の議決権の過半数をもっている株主が出席し、出席した株主の議決権の3分の2以上を必要とする決議です。

### ③ 特殊決議

特別決議よりも決議のための要件が重くなっている場合です。たとえば、全部の株式の内容について株式譲渡に会社の承認を要する旨の定款の定めを設ける定款変更をする場合は、原則として議決権を行使できる株主の半数以上で、かつ当該株主の議決権の3分の2以上の賛成が必要です。

## ■ 種類株主総会とはどんなものなのか

種類株主総会とは、種類株式をもつ株主が集まって議決する集会です。種類株主総会では、種類株主に損害を及ぼすおそれがある場合などに種類株主の決議を行います。種類株式とは、議決権を制限したり、利益配当を優先した普通の株式とは権利内容の違う株式のことです。

**特殊決議の別パターン**

非公開会社が剰余金配当・残余財産分配・株主総会の議決権につき株主ごとに異なる取扱いをする旨を定款で定める場合には、「総株主の半数以上であって、総株主の議決権の4分の3以上」の賛成が必要になる。

**種類株主総会の決議**

決議は、通常、普通決議によるが、種類株主に損害を及ぼすおそれがある定款変更などの場合には、特別決議による。たとえば、株式の内容の変更、発行可能株式総数または発行可能種類株式総数の増加、組織再編行為（合併、分割、株式交換、株式移転）を行う場合で、種類株主に損害を及ぼすおそれがあるときは、種類株主総会の特別決議が必要である。

# 取締役の資格・選任

株主総会の決議で選任される

## ■ 取締役はどのように選任されるのか

取締役会は会社の経営方針を決定する機関です。ここでの判断を誤ってしまうと、会社の財政状況などが悪化し、経営の見通しが立たなくなります。不況が続いている現状を考えると最悪の場合は倒産といったことも考えられます。したがって、取締役会のメンバーである取締役に誰を選ぶのかは非常に重要な問題です。

取締役を選ぶ権限をもっているのは、出資者であり会社の所有者である株主です。株主は、会社の最高機関である株主総会に参加し、取締役を選任することで、会社の経営の方向をみずから定めていることになるわけです。なお、株主総会で取締役を選任する際には、普通決議を経なければなりません。したがって、たとえば、創業者である社長が、株主として過半数以上の議決権をもっていなければ、自分の意思だけで取締役を任命するといったことはできないということになります。

## ■ 取締役選任の効力

取締役選任の効力は、株主総会において選任の決議がなされ、取締役が就任を承諾したときに生じます。選任された取締役の氏名は、登記されます。取締役が株主総会で選任されることを条件にあらかじめ就任を承諾している場合は、株主総会での選任決議によって直ちに選任の効力が生じます。また、取締役選任の登記を怠っていると、会社と取引をしている事情を知らない第三者に対して自分が取締役だということを主張できなくなります。

**倒産**

個人や企業が経済的に破たんして債務の支払いが困難になった状態のこと。倒産処理手続には、裁判所の関与を求め、法の規制に従って行われる法的整理とそれ以外の私的整理がある。

**普通決議**

議決権を行使できる株主のうち議決権の過半数をもつ株主が出席し、出席した株主の議決権の過半数によって行われる決議。

**登記**

不動産に関する権利関係や会社の重要事項について、登記所（法務局）という国の機関に備えている登記簿に記載すること。
企業と取引を行おうとする者が不測の損害を被ることのないように、一定の事項について情報公開（公示）するためのシステムが商業登記制度である。

# 取締役の資格

| 資格がない者 |
|---|
| ①法人 |
| ②会社法、一般社団・財団法人法、金融商品取引法、倒産法（民事再生法、外国倒産処理手続の承認援助に関する法律、会社更生法、破産法）に定めた罪を犯し、刑に処せられ執行を終えた日または執行を受けなくなった日から2年を経過していない者 |
| ③その他犯罪を犯し、禁錮以上の刑に処せられ執行を終えていない、または執行を受けないことになっていない者 |

## ■ 定款で資格を制限できる

　会社法は、取締役の資格に関して規定を設けています。具体的には、法人や、上図のように、会社法などの一定の法律の規定に違反して、刑罰を受けて、その執行が終了あるいは刑の執行を受けることがなくなった日から2年間を経過していない者などは、取締役に就任することができません。そして、定款で、取締役の資格を限定する定めを設けることができます。また、非公開会社（132ページ）の場合は、取締役を株主に限定する定めを置くこともできます。公開会社（132ページ）の場合は、取締役を株主に限定する定めを置くことは許されません。

　なお、取締役が未成年者であってもかまいません。ただ、未成年者は親などの同意がなければ1人で法律行為ができない立場にあるので、未成年者を取締役に選ぶことが適切かどうかをよく検討しなければなりません。また、破産手続開始決定を受けた者でも取締役になることはできますが、取締役が破産手続開始決定を受けたときは、会社との委任契約が終了し、取締役の地位を失います。

# 取締役の人数・任期

取締役の人数と任期をおさえておく

## ■ 取締役の人数

　取締役会非設置会社の場合、取締役は１人でもかまいません。取締役会設置会社の場合は、３人以上の取締役を選任しなければなりません。任期満了や辞任によって取締役が退任する場合、定員未満にならないように、株主総会ですぐに新しい取締役を選任してもらう必要があります。すぐに選任できない場合には、裁判所に取締役の業務を一時的に行う一時役員を選任してもらうことができます。

　役員の欠員については、一時的な役員を選任して対応することもできますが、欠員に備えてあらかじめ補欠の役員を選任しておくこともできます。このようにして選任された役員を補欠役員といいます。取締役だけでなく会計参与、監査役についても補欠の選任が認められています。なお、補欠監査役については、定款で任期前に退任した監査役の残りの任期を補欠監査役の任期とすることを定めることができます。

## ■ 取締役の任期は何年か

　取締役の選任・解任は、株主による経営のチェックの有効な手段のひとつです。会社の規模やしくみに応じて取締役の任期に差が設けられています。そこで、取締役の任期は株主によるチェックの必要性の大きさにあわせて、次のようになっています。

① 　取締役の任期の原則

　会社の取締役の任期は、原則として、選任後２年以内の最終の決算期に関する定時総会の終結の時までです（定款・株主総

**役員の欠員と
一時的な措置**

役員（取締役・監査役・会計参与）や代表取締役、指名委員会等設置会社における各委員会の委員に欠員が生じた場合、任期満了や辞任によって退任した役員らは、新しく役員らが就任するまで、引き続き役員としての権利義務をもつことになる。もっとも、これらの場合、必要があると認めるとき、裁判所は、在任する取締役など利害関係人の申立てに基づいて一時役員の職務を行う者を選任することができる。

また、会計監査人に欠員が生じた場合でも、すぐに会計監査人が選任されないときは、監査役（監査役会、監査委員会、監査等委員会）は、一時会計監査人の職務を行う者を選任しなければならない。

## 会社のパターンと取締役の任期のまとめ

| 員数 | 1人以上（取締役会を設置する場合には3人以上） |
|---|---|
| 任期 | ・原則→最長2年（定款・株主総会決議で短縮できる）<br>・例外1…指名委員会等設置会社等以外の非公開会社<br>　　　　　→最長10年<br>・例外2…指名委員会等設置会社 →最長1年<br>・例外3…監査等委員会設置会社<br>　監査等委員以外の取締役<br>　　　→最長1年（監査等委員である取締役については最長2年） |

会の決議で短縮することもできる）。

② **非公開会社の取締役の任期**

　指名委員会等設置会社や監査等委員会設置会社を除く非公開会社の取締役の任期は、定款で最長、退任後10年以内の最終の決算期に関する定時総会の終結の時まで伸長することができます。

③ **指名委員会等設置会社の取締役の任期**

　選任後1年以内の最終の決算期に関する定時総会の終結の時までです。委員会を設置するような大規模な会社では、取締役が権限を濫用して会社や株主の利益を侵害する危険が大きいため、任期を短くしてチェックがしやすいようにしています。

④ **監査等委員会設置会社の取締役の任期**

　監査等委員以外の取締役の任期は、原則として選任後1年以内の最終の決算期に関する定時総会の終結の時まで、監査等委員である取締役の任期は、原則として選任後2年以内の最終の決算期に関する定時総会の終結の時までです。監査等委員といえども経営の決定に関与するので、監査役（4年）よりは短い期間となっています。

**非公開会社で任期が10年の理由**

小規模な会社では株主と取締役の利害が一致する場合が多く、取締役が会社の利益に反する行為をする危険も小さいため、任期を10年まで伸長することが認められている。

# 取締役会

株式会社の業務執行を決定する会議体である

## ■ 3人以上の取締役で構成される

取締役会は、株式会社の業務執行に関する意思決定をする会議体です。取締役会は、3人以上の取締役によって構成されます。公開会社、監査役会設置会社、監査等委員会設置会社、指名委員会等設置会社は、取締役会を設置しなければなりません。

取締役の選任など会社経営についての基本的な事項は株主総会で決定しますが、それ以外のほとんどは取締役会で決めることができます。取締役会で出された結論については、代表取締役だけではなく、個々の取締役も責任を負う場合があります。

議案に対して意見があれば、取締役会できちんと反対意見を表明し、なおかつ、議事録に異議を記録しておかなければ、賛成したものとみなされ、損害賠償責任を負う場合があります。

## ■ 取締役会の開催

取締役会は最低でも3か月に一度は開かなくてはなりません。しかし、実際の会社経営では迅速な判断が求められることも多いでしょうから3か月に一度では少なすぎます。月に一度は開催して業務決定や業務報告をするべきでしょう。

取締役会の専属的決議事項で決議を急ぐ必要がある場合は、臨時的に取締役会を開くことも可能です。

取締役会に出席するのは代表取締役から平取締役までの取締役全員です。また、監査役も出席しなければなりません。

一般の従業員や顧問弁護士については、取締役会の側から必要な場合に出席を求めることもできます。

**取締役会を開催するときの注意点**

取締役会が儀式化・形骸化してしまうと、会議本来の意味も薄れてしまう。また、重要な事項については、取締役会において文書などで報告し、会社の経営状況を各取締役が正確に認識できるようにしておくことが必要である。文書資料だと、企業秘密などが漏れるおそれがあるので、極秘資料は報告後に回収することもある。

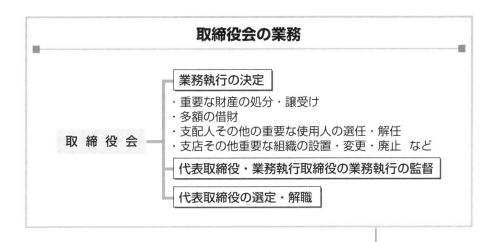

取締役にとっては取締役会への出席は自身に課せられた義務です。取締役は別の人間を代理人として取締役会に出席させることは許されません。取締役会で決めなければならない事項は法律によって決められています。たとえば、重要な財産の処分、多額の借財、支配人その他の重要な使用人の選任・解任、重要な組織の設置・変更・廃止などです。

## ■ 特別取締役による取締役会決議とは

取締役会を設置する会社の場合、取締役会で業務執行の意思決定を行い、代表取締役・業務執行取締役が業務を執行します。ただ、大勢の取締役がいる場合、取締役会の招集に手間がかかり、迅速な意思決定をすることが難しくなります。そこで、迅速な意思決定を行うため、特別取締役の制度が設けられました。この制度は、迅速な意思決定が要求される重要財産の処分・譲受や多額の借財について、あらかじめ選んだ3人以上の取締役（特別取締役）の議決をもって取締役会の決議とする制度です。

特別取締役を設置できるのは、指名委員会等設置会社以外の取締役の人数が6人以上で、かつ、社外取締役を1人以上置いている会社です。

**特別取締役による取締役会決議を行える場合**

次の要件を満たす会社である。
① 指名委員会等設置会社を除く取締役会設置会社であること
② 取締役の員数（人数）が6人以上であること
③ 取締役のうち1人以上が社外取締役であること

# 代表取締役

会社の業務を執行し、会社を代表する機関である

## ■ 代表取締役とは

**氏名と住所の登記**
代表取締役について
は、その氏名だけでな
く住所を登記する必要
がある。

　会社の業務を執行し、会社を代表する機関です。取締役会を置く会社では、代表取締役を選定しなければなりません。代表取締役とは、会社の業務執行をするとともに対外的に会社を代表する機関です。代表取締役は取締役会の意思決定に従い、具体的に業務を執行します。また、他の会社と契約を結ぶときなども、代表取締役が、会社を代表して契約を結ぶことになります。

　代表取締役を設置しない会社では、取締役が会社の代表権をもちますが、代表取締役を設置する会社では、代表取締役が社内の業務を実際に実行する役割を果たすと同時に、他の会社と取引をする際に会社を代表する権限をもつことになります。

　代表取締役は、取締役会設置会社では、取締役会の決議によって取締役の中から選ばれます。解任する場合も、取締役会の決議で行うことができます。代表取締役は取締役としての地位を失えば、当然に代表取締役の地位も失うことになります。逆に、代表取締役としての地位を失っても、当然には取締役の地位を失うことはありません。代表取締役が取締役としての地位にとどまりながら、代表取締役だけを辞めることもできます。その場合、依然として取締役会に出席する権限も義務も残ります。

## ■ 代表取締役の任期

**代表取締役の人数**
代表取締役の人数は、
1人でも2人以上でも
かまわない。

　代表取締役は、いつでも辞任することができます。代表取締役を辞任しても、取締役の資格まで失うわけではありませんから、その後は取締役として職務を行うことになります。代表取

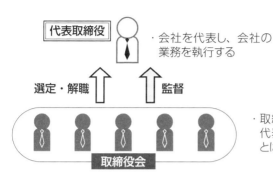

## 取締役会と代表取締役

代表取締役 ・会社を代表し、会社の業務を執行する

選定・解職　監督

取締役会

・取締役会非設置会社でも代表取締役を選定することはできる

締役の任期についても、法律上の決まりはありません。ただ、代表取締役は取締役であることが要求されていますから、定款または決議で任期を定めていないときには、取締役の任期が代表取締役の任期ということになります。

## ■ 名目上の代表取締役の責任

　代表取締役は、会社を代表し、会社の業務に関する一切の行為をする権限を持つ地位ですので、肩書きだけで会社の業務には一切関与しないという約束で、代表取締役に就任することはできません。たとえ肩書上の代表取締役であっても、問題が発生した場合は、代表取締役としての責任を負わされることがありますので、注意が必要です。

　もし、代表取締役ではないにもかかわらず社長の肩書きをもつ取締役が他の会社と取引をして契約を結んだ場合、社長の肩書きをもつ者の行った行為は、会社を代表して契約を行ったのと同じことになる可能性があります。代表取締役ではないにもかかわらず、社長や専務といった肩書きをつけている取締役のことを「表見代表取締役」といいます。

**取締役会非設置会社**

各取締役が業務を執行し、会社を代表するので、代表取締役を設置する必要はない。ただ、定款または定款の定めに基づく取締役間の互選（互いに選挙して選ぶこと）、あるいは株主総会の決議によって、取締役の中から代表取締役を定めることもできる。

**代表取締役の選定決議が無効の場合**

代表取締役の選定が無効であったにもかかわらず職務を行った場合、本当は代表取締役ではないのに代表取締役として何らかの行為をしたことになる。取引をした人は、代表取締役でない者が代表権をもっていると信じて取引をしたわけであるから、取引した人を保護する必要がある。会社は原則として取引行為の無効を主張できない。

# 監査役の権限・責任

## 業務監査と会計監査がおもな仕事

### ■ 監査役の選任・解任

監査役とは、取締役の不正行為などを是正・防止するために、取締役の職務の執行を監査する会社の機関です。監査役は、原則として取締役会設置会社では設置しなければなりません。取締役会設置会社では、株主総会の権限が限定され、取締役の職務執行を監査する必要性が高まるためです。

監査役は、監査等委員会設置会社と指名委員会等設置会社を除いて、取締役会設置会社に原則として必ず置かれる機関です。

監査役の選任は、株主総会の普通決議で行います。株主総会における監査役の選任方法は、原則として議決権を行使することができる株主の議決権の過半数にあたる株式を有する株主が出席し、その議決権の過半数で選任されることになります（普通決議）。

監査役にも取締役と同様の欠格事由があります。また、取締役や執行役などの経営者を監査する立場に立つため、監査役は会社やその子会社の取締役や執行役、支配人などを兼ねることはできません（兼職禁止）。監査役も取締役と同様、株主総会の決議で選任されますから、会社から委任される関係になります。このため、監査役は取締役と同じように会社に対して善管注意義務を負うことになります。

### ■ 監査役の人数・任期

監査役の定数は、一般に定款で定めます。監査役会設置会社の場合は、監査役は3名以上必要とされていますが、それ以外

**監査役は兼任
できるか**

他の会社の役員と兼任することができない場合もある。つまり、会社法では、監査役は自社または子会社の取締役を兼任することが禁止されている（会社法335条）。これは、取締役の職務が適正に行われているのかを監査する役割をもつ以上、自分の職務を自分が監督するという矛盾を防ぐためである。また、監査役は、自社や子会社の支配人やその他の使用人（従業員）を兼任することもできない。

**支配人**

会社からその事業に関する一切の裁判上・裁判外の行為をする権限を与えられた使用人のこと（会社法11条、商法21条）。支店長の肩書きをもつ人が支配人であることが多い。支配人の選任および解任は取締役会で決定し、支配人を選任または解任した場合には本店所在地においてその登記をしなければならない。支配人には、競業避止義務（会社法12条、商法23条）等が課せられている。

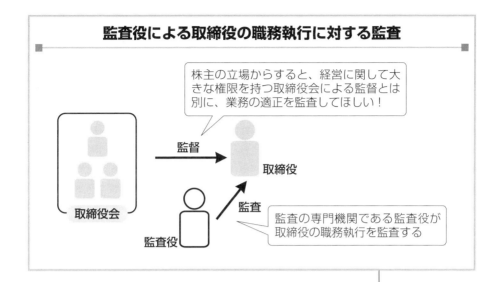

**監査役による取締役の職務執行に対する監査**

株主の立場からすると、経営に関して大きな権限を持つ取締役会による監督とは別に、業務の適正を監査してほしい！

監督 → 取締役

取締役会

監査役

監査 →

監査の専門機関である監査役が取締役の職務執行を監査する

の会社については、定数の定めがなく、1名でもよいとされています。監査役の任期は4年です。監査役に就任してから4年内に終了する事業年度のうち最終のものに関する定時株主総会の終結の時までとされています。非公開会社では、定款で最長10年まで伸長できます。

## ■ 監査役が行う監査の内容とは

監査役の監査の内容は、取締役が業務を適正に遂行しているかを監督する業務監査と、取締役が株主総会に提出する会計書類を調査する会計監査が基本となります。

業務監査とは取締役が行った意思決定などが法令や定款に違反せず適正に行われているかを監査することです。具体的には、会社業務についての取締役会での意思決定やその意思決定により行われる業務が適法であるか、などについて監査を行うことになります。

会計監査とは、取締役が株主総会に提出する会計書類について調査し、意見を報告する業務のことです。

会計監査で監査する書類は、会計に関する部分の事業報告や貸借対照表や損益計算書などです。

ただし、会計監査人や監査役会を設置していない非公開会社については、定款規定を置くことにより、監査役の権限を会計監査だけに限定することができます。なお、この限定規定を置いている会社については、その旨を登記することが義務付けられています。

## ■ 監査役の権限

迅速に正確な情報を収集することができるように、監査役には法律上、次のような権限が認められています。

① 取締役会に関する権限・義務（取締役からの業務執行状況報告の聴取）

会社の業務を執行する取締役は、3か月に1回以上、業務の執行の状況を取締役会に報告する必要があります。監査役は、取締役会に出席し、取締役による会社業務の執行状況報告を聴取することになります。

監査役は、取締役会へ出席し、必要があると認めるときは、意見を述べなければなりません。また、取締役に対して取締役会の招集を請求することもできます。

② 業務調査権（事業報告請求権・業務財産状況調査権）

監査役は、取締役や支配人その他の使用人に対し事業の報告を求め、会社の業務・財産の状況を調査することができます。

③ 子会社調査権

親会社の監査役は、その職務を行うため必要があるときは、子会社に対し営業の報告を求めることができます。また、子会社の業務と財産の状況を直接調査することもできます。

④ 株主総会に関する権限・義務

監査役は、取締役会が株主総会に提出する議案・書類に違法または著しく不当な事項がある場合には、株主総会で報告しな

**会計監査人がいる場合**

会計監査についての事項は会計監査人が監査し、その報告をするので、監査役は主として会計監査人の職務が適正に行われているかどうかを監査することになる。

**株主総会での株主への説明義務**

監査役には、株主の質問に対して説明する義務があるため、株主総会に出席する義務がある。会社の実質的所有者は株主である。株主が、会社の業務が適正に行われているかどうかを把握するのは当然のことであり、そのために取締役や監査役には説明義務が課せられている。

**監査役についての会社法上の規制**

取締役と異なり、監査役は会社の業務執行機関ではないので、忠実義務や競業避止義務や利益相反取引についての規制はない。なお、監査役を解任する場合には、取締役の解任の場合と異なり株主総会の特別決議が必要である。

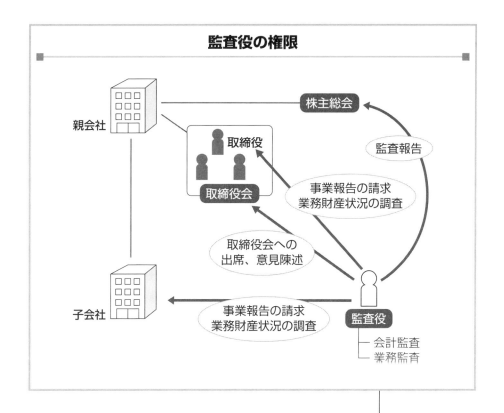

**監査役の権限**

親会社

株主総会

取締役

取締役会

監査報告

事業報告の請求
業務財産状況の調査

取締役会への
出席、意見陳述

子会社

事業報告の請求
業務財産状況の調査

監査役

会計監査
業務監査

ければなりません。取締役の職務遂行について不正の行為、重大な違法事実を発見した場合には、監査報告書にそれを記載する必要があります。

⑤　その他

　監査役には、取締役の行為の差止請求権があります。監査役の差止請求権は、取締役が会社の目的の範囲外の行為その他法律や定款に違反する行為をし、または、それらの行為を行うおそれがあり、その行為によって会社に著しい損害が発生するおそれがある場合に認められます。また、会社と取締役との間の訴訟について、監査役は会社を代表します。

# 会計参与

· · · · · · · · · · · · · · · · · · · · · · · · · · · · · · · · · · · · · · · · · · · · ·

取締役等と共同して計算書類などを作成する

**会計参与と会計
監査人**

言葉は似ているが、会
社における役割は異
なっている。会計参与
は計算書類等を作成す
る権限をもっている
が、会計監査人は計算
書類等の監査をする権
限をもっている。
会計参与を設置するか
どうかは原則として自
由である。他方、大会
社、監査等委員会設置
会社および指名委員会
等設置会社は会計監査
人を置かなければなら
ないとされている。

## ■ 会計参与とは

　会計参与とは、取締役や執行役と共同して計算書類などを作成し、株主総会で説明をする職務を担う機関です。おもに中小企業での計算書類の正確性を確保することを目的としています。

　中小企業では、税理士や公認会計士が会計参与として計算書類などを作成することがあります。株式会社の機関設計の類型において、取締役会を設置する場合であるにもかかわらず監査役を設置しないパターン、具体的には、非公開会社において「株主総会＋取締役＋取締役会＋会計参与」という機関構成が認められますが、このパターンは、監査役を設置する負担を避けつつ、会計参与により、計算書類の適正な作成が担保されることになります。

　会計参与は、誰でもなれるわけではありません。公認会計士（監査法人を含む）、税理士（税理士法人を含む）でなければ会計参与になれません。また、会社やその子会社の取締役、執行役、監査役、使用人などとの兼任はできません。

## ■ 会計参与の任期・報酬

　会計参与は株主総会で選任され、任期は原則2年ですが、定款の定めによって短縮することもできます。非公開会社では定款で最長10年まで伸長できます。

　会計参与の報酬は、監査役の場合と同様です。定款に定めがなければ、株主総会の普通決議で決定します。会計参与が複数いる場合において、個々の会計参与の報酬が定款や株主総会の

**普通決議**

議決権を行使できる株
主の議決権の過半数を
有する株主が出席し、
出席した当該株主の議
決権の過半数をもって
する決議。

## 会計参与制度

| 制度趣旨 | 主に中小企業の計算書類の正確性の確保 |
|---|---|
| 選任・解任 | 株主総会の普通決議 |
| 資　格 | 公認会計士（監査法人を含む）、税理士（税理士法人を含む）であること<br>会社や子会社の取締役、執行役、監査役などとの兼任はできない |
| 任　期 | 2年（定款で短縮できる）<br>例外1…非公開会社では、最長10年まで伸張できる<br>例外2…指名委員会等設置会社・監査等委員会設置会社では1年 |

決議で決まっていないときは、その報酬総額の範囲内で会計参与の協議によって各報酬額を決めます。ただ、指名委員会等設置会社では、会計参与の報酬は、報酬委員会が決定します。

### ■ 会計参与の権限と義務、責任

　会計参与は、計算書類の作成を行う機関ですから、いつでも会計帳簿を閲覧・謄写することができ、また、取締役や執行役に会計についての報告を求めることができます。必要があれば、子会社に対しても会計についての報告を求め、財産の状況を調査することができます。

　取締役会が設置されている会社の場合には、会計参与は、計算書類などの承認を行う取締役会に出席しなければならず、必要があると認めるときは、意見を述べなければなりません。

　会計参与の義務・責任については、会計参与も役員として職務を行う際に善管注意義務を負います。他の役員等と同様で、その任務を怠ることで会社に与えた損害を賠償する責任を負います。

# 会計監査人

## 会社から独立して会社の会計をチェックする

### ■ 会計監査人とは

　会計監査人とは、おもに大会社の計算書類やその附属明細書などを監査した上で、会計監査報告書を作成する専門の機関です。慎重かつ確実に監査を行うことにより適正な計算の実現を図るためのものです。会社から独立して会社の計算書類などの内容をチェックする機関ですから、計算書類などの作成をする会計参与とは役割が違います。会計監査人も取締役や監査役と同様、株主総会の決議（普通決議）によって選任・解任されます。

　なお、株主総会に提出する会計監査人の選任・解任に関する議案の内容は、会計監査人の独立性を確保する観点から、監査役（監査役会設置会社の場合は監査役会、監査等委員会設置会社の場合は監査等委員会、指名委員会等設置会社の場合は監査委員会）が決定します。また、監査役等は、一定の場合には、会計監査人を解任する権限を持ちます。

### ■ 会計監査人の任期・報酬

　会計監査人の任期は１年で、定時株主総会で別段の決議がなされない限り、原則として再任されます。株主総会に提出する会計監査人の不再任に関する議案の内容は、選任・解任の場合と同様、会計監査人の独立性確保のため、監査役（監査役会）・監査等委員会・監査委員会が決定します。

　会計監査人の報酬は取締役会が決定しますが、この報酬を決定するには、取締役は、監査役（監査役会）・監査等委員会・監査委員会の同意を得る必要があります。会計監査人の職務の

## 会計監査人制度

| 制度趣旨 | 主に大企業の計算の適正を確保 |
|---|---|
| 資　格 | 公認会計士または監査法人であること<br>会社や子会社の取締役、執行役、監査役などとの兼任はできない |
| 報　酬 | 取締役は、監査役または監査役会、監査委員会の同意を得て会計監査人の報酬を決定しなければならない |
| 権限・責任 | 会社の計算書類やその附属明細書などを監査し、会計監査報告書を作成し、株主総会で意見を陳述する<br>取締役の不正等を監査役（監査役会）に報告し、取締役等や子会社に対して会計に関する報告を求めることができ、必要があるときは、子会社の業務財産の状況を調査することができる |

独立性を確保するため、取締役の一存で決められないようにするためです。

### ■ 会計監査人の権限と義務

　会計監査人は、会社の計算書類などを監査し、会計監査報告を作成しなければなりません。会計監査人は、いつでも会計帳簿を閲覧・謄写することができ、取締役・執行役・会計参与・支配人その他の使用人に対して会計についての報告を求めることができます。必要があれば子会社にも会計についての報告を求めることができ、会社または子会社の業務と財産の状況を調査することができます。

　定時株主総会の決議で出席を求められた場合、会計監査人は出席して意見を述べなければなりません。株主総会に提出する計算書類などが法令や定款に適合しているかどうかについて、監査役と意見が異なる場合、株主総会で意見を述べることができます。また、取締役の違法・不正な行為を監査役等に報告する義務を負います。

# 社外取締役・社外監査役

業務の監督・監査という点で重要な役割を果たす

## ■ 社外取締役の役割と要件の改正

　取締役会設置会社における取締役は、取締役会により代表取締役の業務執行を監督する役割を担っています。しかし、実務上、取締役は社内から選ばれることが多いため、代表取締役や取締役相互間においてもなれあいが生じ、本来の役割を全うできないことが多いようです。このような場合に社外取締役を選任して、取締役会の監督機能強化を図ります。

　社外取締役の選任要件は、以下のとおりです。以下の要件を満たす者が社外取締役になることができます。

・過去10年にわたり、その会社や子会社の業務執行取締役・執行役・従業員でないこと

・過去10年以内に、その会社や子会社の取締役・会計参与・監査役になったことがある者については、それらの就任前の10年にわたり、その会社や子会社の業務執行取締役・執行役・従業員でないこと

・その会社の支配株主や、親会社の取締役・執行役・監査役・従業員でないこと

・兄弟会社（同じ親会社の傘下にある他の子会社のこと）の業務執行取締役・執行役・従業員でないこと

・その会社の支配株主や、会社の取締役・執行役・支配人等の配偶者や2親等内の親族でないこと

　なお、令和元年の会社法改正により、社外取締役に業務執行を委託することが認められる場合があります。たとえば、子会社との取引などにより、取締役が株主の利益を害するおそれが

社外取締役の
就任要件

かつての会社法では「過去」に当該株式会社や子会社の業務執行取締役、執行役といった経営に関わっていたものは社外取締役になることができなかった。しかし、現在の会社法では、経営にかかわらなくなってから10年経てば、自身が過去に行ったことの影響は残っておらず、現状の取締役等との関係性も希薄になっていると考えられるため、「就任前10年間」となっており、社外取締役に就任することができる要件が緩和されている。

## 社外取締役の要件

| | 社外取締役就任の可否 |
|---|---|
| 20年前に当社に在籍していた者 | 社外取締役になれる |
| 親会社の取締役など | 社外取締役になれない |
| 兄弟会社の業務執行取締役など | 社外取締役になれない |
| 取締役の配偶者や2親等内の親族 | 社外取締役になれない |

ある場合には、その都度、取締役の決定（取締役会設置会社で
は取締役会の決議）により、業務の執行を社外取締役に委託す
ることが可能です。このような業務によって社外取締役の社外
性は失われないことが明文で定められました。

### ■ 社外取締役はどのような会社で設置するのか

会社法では、社外取締役は以下の場合に選任しなければなら
ないとされています。

#### ① 特別取締役を選任する場合

特別取締役とは、6人以上の取締役が選任されている会社で、
一定の重要事項につき意思決定をすることができる取締役のこ
とです。特別取締役を選任する場合は必ず、3人以上選任しま
す。このような特別取締役を選任する場合は、6人以上の取締
役のうち、1人を社外取締役とする必要があります。

#### ② 指名委員会等設置会社の場合

指名委員会等設置会社については、各委員会の過半数は社外
取締役でなければなりません。

#### ③ 監査等委員会設置会社の場合

監査等委員の過半数は社外取締役でなければなりません。

#### ④ 大会社である上場会社などの場合

**監査等委員会の取締役**

監査等委員会の監査等委員は取締役としての地位も持つため、その取締役会で議決権を行使することが予定されている。取締役会が代表取締役の選定や解職の権限を持つことは、監査等委員が代表取締役の選定・解職に対して議決権を行使することで、経営に対する監督を行うことができることも意味している。

令和元年の会社法改正により、公開会社であり、大会社である監査役会設置会社のうち、金融商品取引法に基づき有価証券報告書の提出が義務付けられている会社は、社外取締役の設置が義務付けられていますので注意が必要です。

## ■ 社外監査役の役割と要件

監査役は、取締役の業務執行を監査する立場です。この点で、代表取締役の業務執行を監督する社外取締役よりも、より独立で公平な立場を求める社外監査役が選任されます。つまり、社外監査役は通常の監査役の監査機能を高める役割を担っています。

社外監査役は社外取締役と同様に要件が設けられており、以下の要件を満たす者が社外監査役となることができます。

・過去10年にわたり、その会社や子会社の取締役・会計参与・執行役・従業員でないこと

・過去10年以内にその会社や子会社の監査役になったことがある者については、その監査役に就任する前の10年にわたり、その会社や子会社の取締役・会計参与・執行役・従業員でないこと

・その会社の支配株主や、親会社の取締役・執行役・監査役・従業員でないこと

・兄弟会社の業務執行取締役・執行役・従業員でないこと

・その会社の支配株主や、会社の取締役・執行役・支配人等の配偶者や2親等内の親族でないこと

少しややこしいですが、社内取締役との大きな違いは、過去10年以内に業務執行取締役ではない取締役や会計参与であった者も社外監査役にはなれない点です。

## ■ 社外監査役はどのような会社で設置するのか

資本金5億以上または負債200億円以上の大会社であって公開会社である場合は、①監査役会を置くか、②指名委員会等設置会社、または③監査等委員会設置会社の形式を選択しなけ

**親子会社間における監査役就任**

本文記載のように、親会社の監査役は子会社の社外監査役に就任することはできないが、親会社の監査役が、子会社の社外監査役以外の監査役を兼任することは可能であるため、注意が必要である。

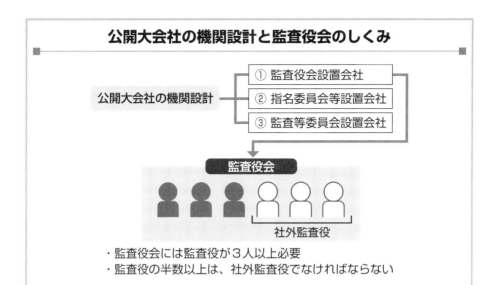

## 公開大会社の機関設計と監査役会のしくみ

公開大会社の機関設計 —
- ① 監査役会設置会社
- ② 指名委員会等設置会社
- ③ 監査等委員会設置会社

**監査役会**

社外監査役

・監査役会には監査役が3人以上必要
・監査役の半数以上は、社外監査役でなければならない

ればなりません。監査役会の場合は3人以上の監査役を選任します。そしてその中の半数以上は社外監査役であることを要します。なお、指名委員会等設置会社や監査等委員会設置会社では監査役を置くことはできません。

### ■ 監査等委員会設置会社や指名委員会等設置会社の社外取締役

これらの会社においては、社外取締役の機能を活用するため、各委員会は取締役である委員3人以上で構成されており、それらの過半数は社外取締役でなければなりません。監査等委員会設置会社や指名委員会等設置会社は、社外取締役を選任することで、業務の執行に対する取締役会の監視・監督機能を強化するものであると評価することができます。

このように、大会社かつ公開会社の場合、監査役会、指名委員会等設置会社、監査等委員会設置会社のうち、いずれの機能を選択するのが自社にとって最善であるかについて検討した上で、選択することになります。

# 一時取締役と職務代行者

裁判所に一時的な取締役を選任してもらう

## ■ 一時取締役とは

辞任や死亡によって取締役が欠けた場合には、すみやかに後任の取締役を選任しなければなりません。しかし、何らかの事情で取締役選任の手続ができないような事情がある場合には株主や取締役などの利害関係人が裁判所に申し立てることによって、一時的に取締役の職務を行う人（一時取締役）を選任してもらうことができます。

一時取締役を選任してもらうことができるのは取締役が死亡したが後任をすぐに選任できない場合や株主間で訴訟を抱えているなど、株主総会を開催できないような事情がある場合に限られます。株主総会を開催できるのであれば、臨時株主総会を開催するか、近い時期に開催される定時株主総会において、後任の取締役を選任すべきであり、一時取締役の選任を裁判所に申し立てる必要はないことになります。

また、一時取締役と似た制度に職務代行者の制度があります。一時取締役も職務代行者も、裁判所に取締役の職務を行う人を選任してもらう制度ですが、一時取締役の制度は、取締役が死亡や辞任により欠けた場合の制度です。他方で職務代行者は、取締役として登記された者の取締役の地位を争う紛争がある場合に、裁判所の仮処分により、その者の取締役としての職務の執行を停止し、代わりに職務を行う職務代行者を選任する制度です。職務代行者の場合には職務の制限がありますが、一時取締役の場合には、取締役と同じ権限があります。

一時取締役や職務代行者は、紛争に関わる場面で選任される

### 過料の制裁

選任の手続を怠ると100万円以下の過料が科される。

### 一時取締役の要否

前任者が任期を満了した、もしくは辞任しただけであれば、後任が決まるまでは前任者が取締役の地位にあり、職務を行う。また、一時的に病気というだけでは一時取締役の選任は認められない。株主総会を開くことができるような場合も認められない。

## 一時取締役と職務代行者

| | 一時取締役 | 職務代行者 |
|---|---|---|
| 選任を申し立てられる場合 | 取締役が欠けた場合 | 取締役の地位に争いがある場合 |
| 申立権者 | 利害関係人 | 紛争当事者 |
| 与えられる権限 | 取締役と同じ | 会社の日常の業務のみ（新株発行や臨時株主総会の招集はできない） |

ことが多く、弁護士が選任されることが多いといえます。なお、一時取締役についても、「職務代行者」と呼ばれることがありますので、両者の区別に注意が必要です。

### ■ 職務代行者とは

　取締役（執行役）や代表取締役（代表執行役）の選任の無効など、その地位を否定する訴えを提起した場合でも、裁判が確定するまでは、取締役等はその地位を失うわけではありません。

　しかし、訴えられた取締役がそのまま職務を行うと会社にとって不都合な場合があります。そこで、取締役等の地位を否定する訴えを提起する際に、申立人は訴えられた取締役等が職務を執行しないように裁判所に求めることができ（仮処分命令の申立て）、訴えられた取締役等に代わって職務を執行する者を選任するように求めることができます。このようにして選任された者を職務代行者といいます。

　職務代行者は、会社の日常の業務（常務）は自由に行えますが、常務にあたらない行為（たとえば、新株発行や取締役の解任を目的とする臨時株主総会の招集など）をするには、裁判所の許可を得る必要があります。この点は取締役と同じ権限が与えられている一時取締役と異なるところです。

**一時役員**

取締役だけでなくその他の会社法上の役員、つまり、監査役と会計参与の場合も、裁判所による一時役員選任の制度がある。

# 指名委員会等設置会社

執行役が業務執行をする

## ■ 指名委員会等設置会社とは

指名委員会等設置会社とは、指名委員会、監査委員会、報酬委員会という3つの委員会を設置した上で、業務の執行を担当する執行役を設置する会社のことです。指名委員会等設置会社でない会社の場合、取締役会の構成員は、自ら業務を執行する代表取締役や業務執行取締役が多数を占めることも多く、業務の執行の実効的な監督を期待しにくい面があります。他方、指名委員会等設置会社では、委員会の委員は、過半数を社外取締役から選任するため、取締役会および委員会による実効的な監督が期待できます（執行と監督の分離）。取締役会と会計監査人を置く会社は、定款で定めることによって、指名委員会等設置会社になることができます。

執行役は取締役会の決議で選任されます。執行役は取締役を兼ねることができます。執行役の人数は、1人以上でかまいません。執行役が複数いる場合には、会議体（執行役会）を設けて業務執行に対応することもできます。

## ■ 指名委員会等設置会社の各委員会

各委員会は、3人以上の委員で構成され、取締役の中から取締役会の決議により選任されます。各委員会の委員の過半数は社外取締役でなければなりません。また、監査委員会の委員は、会社やその子会社の執行役、業務執行取締役、使用人などを兼任することはできません。同じ取締役が複数の委員会の委員を兼ねることもできます。各委員会は、以下のような権限をもちます。

**指名委員会等設置会社の取締役と会社の関係**

通常の株式会社と同じように委任の関係にあり、取締役は会社に対して善管注意義務、忠実に職務を遂行する義務を負う。そこで、取締役が任務を怠ったときは会社に対して、損害賠償義務を負う。

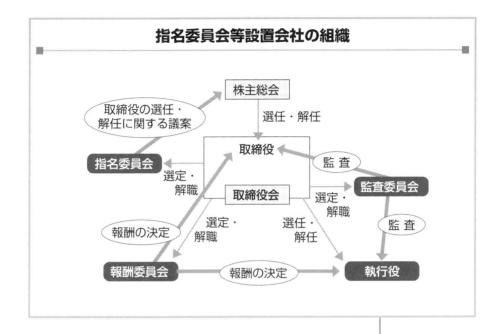

**指名委員会等設置会社の組織**

① **指名委員会**

　指名委員会では、株主総会に提出する取締役・会計参与の選任・解任に関する議案の内容を決定します。

② **監査委員会**

　監査委員会は、執行役や取締役の職務執行を監査し、監査報告を作成する委員会です。また、株主総会に提出する会計監査人の選任・解任や不再任に関する議案の内容を決定する権限をもちます。

③ **報酬委員会**

　報酬委員会は、執行役や取締役の個人別の報酬などの内容を決定する権限をもつ委員会です。

## ■ 指名委員会等設置会社の取締役

　指名委員会等設置会社の取締役の選任や解任については、通常の会社と同じように、株主総会の決議によります。しかし、

## 代表執行役

代表執行役とは、指名委員会等設置会社を代表する権限をもっている者である。通常の会社の代表取締役と同じように、会社の業務に関する一切の行為について、包括的な代表権をもつ。執行役が1人の場合は、その執行役が当然に代表執行役となり、会社を代表することになる。執行役が複数いる場合には、取締役会の決議によって、代表執行役を選定する。指名委員会等設置会社では、代表執行役が会社を代表することになるので、代表取締役は設置されない。

## 執行役の責任

執行役は、株主代表訴訟の対象となる。もっとも、取締役の責任と同じように、総株主の同意、または、株主総会、取締役会の決議によって、責任の免除・軽減が認められる。

## 善管注意義務

取締役はその地位にある者として通常要求される程度の注意をしつつ、会社経営をしていかなければならない。取締役になった以上、会社経営のために全力を尽くさなければならないという義務。

## 忠実義務

会社法355条が定める忠実義務は、善管注意義務と内実は同じであり、別段の義務を課すものではないと考えられている。

株主総会に提出する取締役の選任・解任に関する議案は、取締役会ではなく、指名委員会が決定することになります。指名委員会等設置会社の取締役の任期は1年になります。

## ■ 執行役とは

指名委員会等設置会社の制度は、取締役会の監督機能の強化、業務執行の効率性の確保などのために認められたものです。

執行役は、取締役会による委託によって、これまで取締役会が決定していた会社の業務執行の中の一部についての決定と、業務の執行をします。一方で、取締役会は会社の経営方針など基本的な事柄について意思決定するとともに執行役を監督します。執行役は取締役会により選任・解任されます。

執行役の任期は就任後1年以内に行われる最終事業年度に関する定時株主総会の終了後、最初に開催される取締役会の終結の時までです。通常の株式会社の場合、取締役の任期は原則として2年ですが、指名委員会等設置会社の場合は、業務執行に対する監督を重視することとしたため、毎年、取締役会の信任を要するとしています。

## ■ 執行役の会社に対する義務・責任

執行役と会社との関係は、取締役と同様、委任関係となります。執行役は、会社に対して善管注意義務や忠実義務を負います。また、競業取引、利益相反取引についても規制を受け、それらの行為をする場合には、取締役会の承認を必要とします。

執行役も大きな権限をもちますから、会社の利益が害されないように法的に規制する必要があるわけです。

執行役は会社に対して善管注意義務、忠実義務を負っているため、執行役が任務懈怠によって会社に損害を与えた場合には、その損害を賠償する責任を負います。執行役が会社の承認を受けないで利益相反取引を行い、会社に損害が生じた場合には、

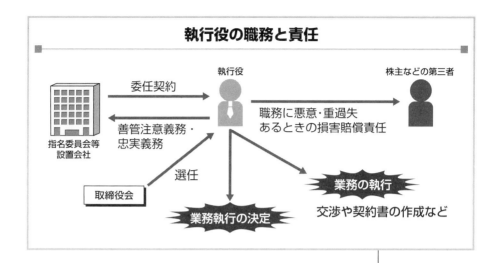

## 執行役の職務と責任

委任契約

執行役

株主などの第三者

善管注意義務・忠実義務

職務に悪意・重過失あるときの損害賠償責任

指名委員会等設置会社

選任

取締役会

業務執行の決定

業務の執行

交渉や契約書の作成など

自分に任務懈怠がなかったという証明をしない限り、会社に対して損害賠償責任を負います。

競業取引の規制に違反した場合も、その執行役は会社に対して損害賠償責任を負います。その取引によって執行役や第三者が得た額が会社の損害額と推定されます。また、利益供与に関わった執行役は連帯して、供与した利益に相当する金額を会社に支払わなければなりません。

### ■ 執行役の第三者に対する責任

執行役が自らの任務懈怠を認識し（悪意）、または重過失（重大な不注意）により認識できておらず、それによって株主などの第三者が損害を受けた場合には、当該執行役は、その損害を賠償する責任を負います。

第三者に対する加害行為そのものについて故意や過失がなかったとしても、自らの任務懈怠を認識し（悪意）、または重過失（重大な不注意）により認識できていなかった場合には、執行役の責任が認められます。執行役は、直接損害だけでなく間接損害についても責任を負うことになります。

**執行役の解任**

執行役の任期が満了する前であっても、取締役会の決議によって、いつでも執行役を解任することができる。ただ、解任について正当な理由がない場合には、執行役は、会社に対して、解任によって生じた損害の賠償を請求することができる。

**直接損害**

執行役の行為によって直接第三者が損害を被る場合。

**間接損害**

執行役の行為から1次的に会社が損害を受け、その結果として2次的に第三者が損害を受ける場合。

# 監査等委員会設置会社

指名委員会等設置会社よりも導入しやすい

**監査等委員会設置
会社のしくみ**

取締役会と会計監査人
を設置している会社の
み認められることは指
名委員会等設置会社と
同じであるが、執行
役・代表執行役も設置
せず、業務の執行は代
表取締役(または業務
執行取締役)が行う。

**業務執行に対する
チェックの必要性**

大規模な会社では、会
社の外部の者が、適正
な経営を行っているの
かどうかをチェックす
るための制度を作り上
げることが大切であ
り、とりわけ、取締役
会の監督機能の強化が
重要である。
そのため、取締役とし
てその会社の意思決定
に対して議決権を持ち
ながらも、経営者の指
揮命令を受けずに、監
査・監督機能を果たす
ことができる社外取締
役を有効に活かすこと
で、企業の不祥事を未
然に防ぎ、適正な企業
活動が行われるしくみ
を整えるため、指名委
員会等設置会社や監査
等委員会設置会社の活
用が期待されている。

## ■ 監査役会設置会社や指名委員会等設置会社との違い

　上場会社は、基本的には、上場規程で、監査役会、指名委員会等または監査等委員会の設置が求められます。また、会社法では、大会社は、いずれかの設置が義務付けられています。多くの上場会社では、監査役会が設置されています。

　監査役会設置会社では、監査役および監査役会による監査機能はあるものの、取締役会の構成員は、自ら業務を執行する代表取締役や業務執行取締役が多数を占めることも多く、取締役会による業務の執行の実効的な監督を期待しにくい面があります。

　他方、指名委員会等設置会社では、委員会の委員は、過半数を社外取締役から選任するため、取締役会および委員会による実効的な監督が期待できます(執行と監督の分離)。もっとも、各委員の過半数が社外取締役で構成される指名委員会や報酬委員会に人事や報酬をゆだねることへの抵抗感や社外取締役の負担感などから、あまり広く利用されていないのが実情です。

　その点、監査等委員会設置会社では、指名委員会等と同様、監査等委員の過半数を社外取締役から選任するため、取締役会および監査等委員会による実効的な監督を期待できる上、指名委員会等設置会社とは異なり、監査等委員会は人事や報酬に関しては決定権を持たないため、抵抗感や負担感が少なく、指名委員会等に比べて、監査等委員会は導入しやすいといえます。

## ■ 指名委員会等設置会社などとは別個の制度

　監査等委員会設置会社は、監査役会設置会社や指名委員会等

# 監査等委員会設置会社の特徴

## 監査役会設置会社

３名の監査役のうち半数以上は社外監査役⇒取締役会の監督機能を強化するために、さらに社外取締役を選任するとなると、会社の負担が大きすぎる

## 指名委員会等設置会社

社外取締役が過半数を占める各委員会や、各委員も議決権を行使する取締役会による監督機能が強化される
反面、報酬や人事を各委員会にゆだねることへの社内の抵抗感や社外取締役の負担感が、導入のネックになることもある

## 監査等委員会設置会社

社外取締役が過半数を占める監査等委員会や、監査等委員も議決権を行使する取締役会による監督機能が強化される
また、監査等委員会は、人事や報酬の決定権を持たないので社内の抵抗感や社外取締役の負担感は比較的少ない

---

設置会社とはまったく異なる制度であることに注意が必要です。監査等委員会設置会社に移行しようと考える場合には、定款の変更手続きが必要です。監査等委員会設置会社には、指名委員会等設置会社と同様に、機能的に重複する監査役（会）を置くことはできません。

また、定款の変更の効力が生じた時点で、それまで取締役であった者などは、全員任期満了となるため、改めて取締役などを選任し直す必要があることにも留意する必要があります。

■ 監査等委員の選任・解任

監査等委員の選任・解任に関して、業務執行の監査等をする者として、業務執行をする者を含む他の取締役からの地位の独立性を確保するために、特別の手続が定められています。

まず、監査等委員はそれ以外の取締役と区別して、株主総会

によって選任されます。この際に、地位の独立性を確保するためには、監査等委員会自身が、自らの人事に対して主導権をにぎっている必要があるため、監査等委員会は、取締役に対して監査等委員である取締役の選任を、株主総会の議題としてもらうこと、または、選任すべきと思われる取締役の議案を提出することができます（選任議案の提出権）。

また、監査等委員以外の取締役が、自分に都合のよい人材を監査等委員に選任しようとすることを防ぐために、取締役が監査等委員の選任に関する議案を株主総会に提出するときは、監査等委員会の同意を得なければならないと定められています（選任議案の同意権）。

監査等委員である取締役を解任するためには、株主総会の特別決議によらなければ解任できないとされています。監査等委員は、監査等委員の解任・辞任に関して株主総会において意見を述べることができます（解任・辞任についての意見陳述権）。

なお、監査等委員以外の取締役の任期が選任後1年以内に終了する事業年度の中で最終のものについての株主総会終結時までであるのに対して、監査等委員である取締役の任期は、選任後1年以内の部分が、選任後2年以内と定められています。

## ■ 監査等委員会のしくみ・権限・義務

監査等委員会は、取締役3名以上からなる監査等委員により構成されています。そして、そのうちの過半数が社外取締役でなければなりません。これは、監査等委員会が置かれた主たる目的が、経営のトップの指揮命令を受ける立場にない者による、経営者の監査・監督を行うことだと考えられているため、そのような社外取締役による監査・監督を適正に行うことができるような制度となっています。

監査等委員会の権限・義務は、①おもに経営を担当する取締役などの職務執行を監査する権限と、②企業の人事や報酬に関

**解任・辞任についての意見陳述権**

経営者と意見が異なる監査等委員などを保護する目的で、その者が辞任したときは、辞任後に最初に開催された株主総会で、辞任の事実や辞任の理由を述べる機会が与えられ、経営者が辞任を強制することを心理的に防ぐとともに、経営者との対立を株主に知らせる機能があると考えられている。

**監査等委員の兼任禁止**

監査等委員が、その会社や子会社の業務執行取締役や支配人・その他の使用人などを兼ねることも許されていない。監査等委員は経営者の業務執行を監査・監督する職務を負っているため、監査を行う者が、監査を受ける者と実質的に同一であっては、監査等委員会を置いた目的が無意味になってしまうためである。

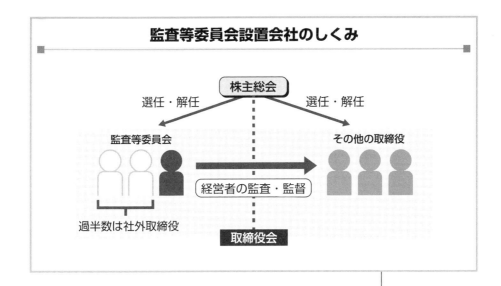

**監査等委員会設置会社のしくみ**

株主総会

選任・解任 → 監査等委員会
選任・解任 → その他の取締役

経営者の監査・監督

過半数は社外取締役

取締役会

する権限に分けることができます。

このうち②の権限とは、監査等委員以外の取締役の選任についての意見を陳述する権限と、監査等委員以外の取締役の報酬についての意見を陳述する権利を指します。監査権限については、指名委員会等設置会社における監査委員会と同様の監査権限と、監査等委員会にのみに認められる権限に分類されます。

## ■ 監査等委員会設置会社の取締役会の権限

監査等委員会が取締役として、内部統制システムを通して監査・監督を行うという性質上、経営の基本方針の決定、監査等委員会の職務のために必要な事項、内部統制システムの決定については、必ず取締役会が決定しなければならない事項であるとされています。

また、重要な業務執行の決定についても、取締役の過半数が社外取締役である場合や、株主の判断で定款により定めた場合には、重要な事項の決定の多くについて取締役に委任することが許される場合もあります。

> **内部統制システム**
>
> 取締役の職務執行が法令・定款に適合することを確保するための体制その他会社業務の適正を確保するために必要な体制のこと。取締役会設置会社の場合は、取締役会で基本方針を決定し、取締役会を設置しない場合は、取締役で決定しなければならない。大会社では、内部統制システムの構築が義務付けられている。

# 取締役の会社に対する責任

## 任務懈怠があれば責任を負う

### ■ 取締役の責任は過失責任が原則

取締役は、任務を怠った場合に会社に生じた損害を賠償する責任を負います（任務懈怠責任）。任務懈怠とは、言い換えれば善管注意義務・忠実義務に違反することです。具体的には、競業避止や利益相反取引の規制に関する違反、法令・定款違反など、会社の取締役の地位にある者に通常要求される注意義務を欠いたと考えられる行為はすべて含まれます。任務懈怠責任は、過失責任（不注意があった場合にだけ負う責任）であり、責任を追及するためには、取締役が注意義務に違反したこと（任務懈怠）を会社が立証（証明）する必要があります。

もっとも、会社に取締役の債務を保証させるなど会社と取締役・第三者との利益が相反する取引（利益相反取引）をした取締役については、任務懈怠があったと推定されます。この場合、取引を決定した会社の取締役や取締役会の承認決議に賛成した取締役（議事録に異議をとどめなかった取締役も含む）にも任務懈怠が推定されます。したがって、取締役は、任務懈怠がなかったことを証明できなければ、会社に対して損害賠償責任を負うことになります。つまり、任務懈怠に関する立証の責任が会社ではなく取締役に移ります。さらに、自分のために当事者として利益相反取引（自己取引）を行った取締役は、無過失責任を負います。

### ■ 取締役による会社財産の毀損と損害賠償額

会社は、株主の権利行使に関して財産上の利益を供与してはならず、これに関与した取締役・執行役は、供与した利益相当

## 経営判断の原則

### 経営判断の原則（ビジネス・ジャッジメント・ルール）

企業経営の判断は、専門的・政策的

取締役の裁量は広い

取締役の行為により、結果として会社に損害が生じたとしても、
①取締役の事実認識に不注意がなく、
②それに基づく意思決定が経営者として不合理でない場合

取締役は会社に対して責任を負わない

額を会社に対して連帯して支払う義務を負います。

会社が分配可能額を超えて剰余金の配当を行った場合、取締役・執行役は配当金相当額を会社に対して賠償する責任を負います。また、自己株式の取得などにより会社に欠損が生じた場合、当該行為に関する職務を行った取締役は、会社に対してその欠損額を連帯して賠償する責任を負います。

### ■ 経営上の判断と任務懈怠

経営判断についての事後的な評価によって取締役が法的責任を負うとすると、取締役の判断を萎縮させることになり、ひいては株主の利益も害することになります。そこで、結果的に会社に損害が発生した場合であっても、業務執行が合理的な手続きに従って誠実になされていたといえるときには、会社に対する損害賠償責任を問われることはないとされています。これを経営判断の原則といいます。他方、当時の状況や取締役に期待される能力から見て、経営上の判断が著しく不合理であったといえる場合には、任務懈怠があったものとして、会社に生じた損害を賠償する責任を負います。

**取締役会の決議に賛成した取締役の責任**

任務を怠った取締役自身が責任を負うのは当然だが、取締役の行為が取締役会の決議に基づいて行われた場合には、取締役会の決議に賛成した取締役も責任を問われることがある。つまり、問題となった行為の直接の行為者でなくても、決議に賛成していることから、任務を怠ったと推定されることがある。また、取締役会で反対した取締役も、取締役会の議事録で反対した旨の記録を残しておかないと、賛成したものとして扱われる可能性がある。

# 取締役の会社に対する責任の免除・軽減

## 責任限定契約など責任軽減の方法はある

### ■ 取締役の責任の免除・軽減

取締役などの役員には株主代表訴訟により高額の損害賠償請求がなされるなどのリスクがあります。そこで、役員の職務執行が萎縮することを避けるため、総株主の同意による責任免除以外にも、一定の責任軽減の制度が設けられています。

① **株主の同意による責任の免除**

総株主の同意があれば、取締役等役員の任務懈怠による責任、利益供与による責任を免除することができます。

また、違法な剰余金配当による責任も、分配可能額の範囲に限って免除することができます。

② **株主総会決議による責任の軽減**

任務懈怠による取締役等の責任については、取締役等役員が職務を行うにあたって善意であり（知らずに）、かつ、重大な過失（不注意）がない場合には、株主総会の特別決議により、その責任の一部を免除すること（つまり責任の軽減）ができます。免除されるのは、賠償責任を負うべき額から一定額を差し引いた額を限度とします。なお、責任軽減の議案を株主総会に提出する場合には、監査役全員の同意がなければなりません。

③ **取締役会決議による責任の軽減**

取締役が2人以上いて監査役を設置する会社、監査等委員会設置会社、指名委員会等設置会社は、定款で定めれば、取締役会決議で役員の任務懈怠に基づく責任を一部免除（軽減）することもできます。取締役会非設置会社の場合は、責任を負う取締役以外の取締役の過半数で、責任の一部免除を決定します。

**一部免除の限度額**

賠償額から次に示す一定の額の合計額を控除した額を限度として取締役の会社に対する責任を免除することができる。
・取締役が在職中に会社から受ける報酬などの6年分（代表取締役の場合）、4年分（代表取締役以外の取締役の場合）、2年分（業務を執行しない取締役の場合）
・取締役が新株予約権を引き受けた場合のその利益に相当する額

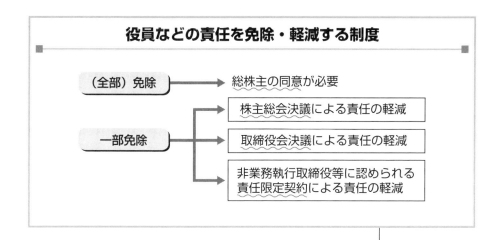

## 役員などの責任を免除・軽減する制度

（全部）免除 → 総株主の同意が必要

一部免除 →
- 株主総会決議による責任の軽減
- 取締役会決議による責任の軽減
- 非業務執行取締役等に認められる責任限定契約による責任の軽減

②の場合と同様、取締役等役員が職務を行うにあたって任務懈怠を知らず（善意）、かつ知らないことについて重大な不注意（重過失）がないことが必要です。また、免除が認められる限度額も、②の場合と同じです。

④ 責任限定契約による責任の軽減

業務執行取締役以外の取締役、会計参与、監査役、会計監査人と任務懈怠の責任を限定する契約（責任限定契約）を締結できます。自ら業務を執行しない取締役などは、自分のリスクを十分にコントロールすることができず、過大な責任を負うとすると、取締役などへの就任を躊躇することにもつながりますので、あらかじめ責任を限定しておく方法が認められているわけです。

任務懈怠に基づく責任については、あらかじめ責任を限定する契約（責任限定契約）を会社との間で結ぶことができます。職務を行う際に、非業務執行取締役などが任務懈怠を知らず（善意）、かつ知らないことについて重大な不注意（重過失）がない場合には責任限定契約を結ぶことができる旨を定款に定めることができます。この契約を締結した場合、定款で定めた範囲内であらかじめ会社が定めた額と前述した②の責任限度額のどちらか高い方を限度として責任を負うことになります。

**取締役会決議による責任の軽減**

取締役会決議において、役員などの責任の免除が認められるのは、責任の原因となった事実の内容、役員の職務の執行状況などを考慮して、特に必要がある場合に限られる。

**責任限定契約の対象者**

社外取締役に限らず、業務執行に関与せず、もっぱら経営に対する監督を行うことが期待される者については、事前にリスクを限定することが可能になっている。

# 第三者に対する責任

直接損害だけでなく間接損害についても責任を負う場合がある

## ■ 第三者に対する責任とは

役員等の任務懈怠行為によって、会社以外の第三者（株主や会社債権者）に損害が発生した場合、取締役は、その第三者に対しても特別の責任を負います。

具体的には、取締役が自らの任務懈怠を認識し（悪意）、または重過失（重大な不注意）で自らの任務懈怠を認識できていなかった場合に、それによって第三者が受けた損害を賠償する責任を負います。

第三者を害することについて、わざと、あるいは不注意によるものでなかったとしても、任務を怠ったことを知っていた場合や重大な不注意で知らなかった場合であれば、取締役の責任が認められます。

## ■ 責任を負うべき損害の範囲は

第三者に損害が発生するケースとしては、まず、取締役の行為によって直接第三者が損害を被る場合（直接損害）があります。次に、取締役の行為から1次的に会社が損害を受け、その結果として2次的に第三者が損害を受ける場合（間接損害）があります。たとえば、取締役の任務懈怠によって会社が倒産したため、会社に金銭を貸し付けていた人が貸金を回収できなくなったというような場合が間接損害の例です。

第三者を強く保護する必要がありますから、取締役は、直接損害だけでなく間接損害についても責任を負うことになります。

### 第三者に対する責任

会社法は、取締役に対して会社以外の第三者に対する特別の責任を認める規定を設けている。そもそも、故意または過失によって他人に損害を与えたときは、民法上、損害賠償責任を負うが（不法行為責任）、役員等については、職務が適正に行われないと会社の内外に広く影響を及ぼすおそれがある。
そこで、会社法は、悪意または重過失による任務懈怠の結果として、他人に損害を与えたときは、他人を害することについて故意または過失がなかったとしても、損害賠償責任を負うものとし、役員等の責任を特に重く定めている。

### 第三者が被る損害

第三者を強く保護するという法の趣旨からすると、直接損害だけでなく間接損害についても取締役の賠償責任を認めるべきで、判例もこのような立場に立っている。

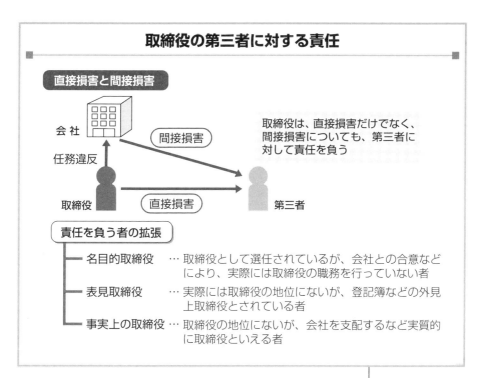

## 取締役の第三者に対する責任

### 直接損害と間接損害

会社

任務違反

間接損害

取締役

直接損害

第三者

取締役は、直接損害だけでなく、間接損害についても、第三者に対して責任を負う

### 責任を負う者の拡張

- 名目的取締役 … 取締役として選任されているが、会社との合意などにより、実際には取締役の職務を行っていない者
- 表見取締役 … 実際には取締役の地位にないが、登記簿などの外見上取締役とされている者
- 事実上の取締役 … 取締役の地位にないが、会社を支配するなど実質的に取締役といえる者

## ■ 不法行為責任との関係

　不法行為責任は、契約関係にあるかどうかを問わず、違法行為をした加害者が、被害者に対してその損害を賠償するという責任です。これに対して、取締役の第三者に対する責任は、取締役の職務行為について第三者に生じた損害を取締役に賠償させるものです。不法行為の場合、相手方を害することについて故意（わざと）や過失（不注意）が必要になります。しかし、取締役の第三者に対する責任の場合は、自らの任務懈怠を認識していたり、または重過失（重大な不注意）によって任務懈怠を認識できなければその責任を負うことになり、相手方を害することについての故意や過失は不要です。また、任務懈怠が法律上または事実上推定されることも多く、被害者にとっては、取締役の第三者に対する責任を追及するほうが容易だといえます。

**第三者には株主も含まれる**

取締役が責任を負うことになる「第三者」とは、取締役・会社以外の者という意味である。会社債権者はもちろん、株主も会社そのものではないので、第三者にあたる。また、会社の従業員も「第三者」に含まれる。

# 補償契約と役員等賠償責任保険

## 役員などの責任を補填するための制度

### ■ 補償契約（会社補償）とは

　補償契約とは、役員などが株主代表訴訟などにおいて負担する一定の費用の全部あるいは一部について、株式会社が補償するという内容の契約です。会社が役員に金銭的な保護を与えることは、利益相反取引にあたるおそれがありますが、役員の職務執行が萎縮しないよう、このような契約を認める必要もあります。そこで、令和元年改正会社法は、補償契約の具体的な条件を定め、会社法の条件に沿った補償契約については、利益相反取引にあたらないことを明文化しました。

　具体的には、役員などが職務遂行にあたって、会社法をはじめとする法令の規定に違反した疑いを持たれ、株主代表訴訟（責任追及等の訴え）を提起された場合に、それに対処するためにかかった費用について、補償契約に基づき、株式会社による補償を受けることができます。また、役員などが職務遂行にあたり、第三者に対して損害を与えた場合に、役員などが第三者に対して負担する損害賠償費用や、和解が成立した場合に支払う和解金などの損失についても、株式会社が補填します。

　なお、株式会社が補償する金額は、役員などが負担する上述の費用のうち、通常必要と考えられる費用の範囲内に限られます。また、役員などの会社に対する任務懈怠責任が認められる場合については、補償の対象外です。役員などの、意図的（故意）あるいは重大な落ち度（重大な過失）による職務遂行の結果生じた損害賠償責任についても、補償の対象外となります。

　さらに、株式会社が役員などに補償した場合に、役員などが

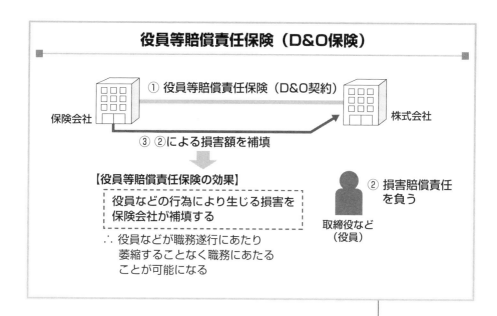

## 役員等賠償責任保険（D&O保険）

① 役員等賠償責任保険（D&O契約）

保険会社 — 株式会社

③ ②による損害額を補填

【役員等賠償責任保険の効果】

役員などの行為により生じる損害を
保険会社が補填する

② 損害賠償責任
を負う

取締役など
（役員）

∴ 役員などが職務遂行にあたり
萎縮することなく職務にあたる
ことが可能になる

---

自己や第三者の不正な利益を図り、または、会社に損害を加える目的で職務を行っていたことを知ったときには、株式会社はその役員などに対して、株式会社が補償した金銭の返還を請求することが認められています。

### ■ 役員等賠償責任保険（D&O保険）とは

役員等賠償責任保険とは、株式会社が保険会社との間で、役員などのために締結する責任保険のことです。Directors and Officersの頭文字をとって、D&O保険とも呼ばれています。

取締役をはじめとする株式会社の役員などは、職務を遂行する際に損害賠償責任を負担する場合があります。そのような場合でも、D&O保険を締結していれば、賠償によって生じた損失を保険料でまかなうことができます。D&O保険についても、補償契約と同様に、実際上の必要性から、会社法の条件に沿ったものであれば、会社が保険料を負担するとしても、利益相反取引にはあたらないとされています。

**補償契約と役員
等賠償責任保険**

補償契約（会社補償）
も、役員などの責任を
補償する機能を持つ
が、補償する主体が会
社である点で、D&O
保険とは異なる。
なお、補償契約と役員
等賠償責任保険契約の
両方とも、その内容は
株主総会（取締役設置
会社においては取締役
会）の決議で決定され
なければならない（株
主総会の場合、普通決
議で足りる）。

## 役員に科せられる罰則

　違法な行為を罰する法律としては、刑法がありますが、会社法では、特に会社の健全性を守るため、違法な行為を行った役員らに対して刑罰を科すものとしています。会社法が定める罰則のおもなものには、①取締役等の背信行為、②会社財産に対する罪、③株式などに関する罪、④汚職・不正な利益供与の罪などがあります（下図参照）。

### ■ おもな罰則規定 ………………………………………………………

| 罪　名 | 主　体 | 行　為 | 罰　則 |
|---|---|---|---|
| 特別背任罪 | 発起人、取締役、執行役、監査役、会計参与など | 自己または第三者の利益を図る目的、会社に損害を加える目的で、任務に背く行為をし、会社に損害を加えること | 10 年以下の懲役または 1000 万円以下の罰金（両方の場合もある） |
| 会社財産を危うくする罪 | 発起人、取締役、執行役、監査役、会計参与など | 株式などの引受による払込みに際して、裁判所や総会で虚偽の申述、事実の隠ぺいをすること | 5 年以下の懲役または 500 万円以下の罰金（両方の場合もある） |
| | 取締役、執行役、監査役、会計参与など | ①会社の計算で不正に株式を取得すること、②法令・定款に反する剰余金の配当、③会社の目的範囲外の投機取引のための会社財産の処分 | |
| 預合い罪 | 発起人などや払込取扱機関 | 発起人らと払込取扱機関が通謀して、帳簿上、借入金の払込みがあったものとし、借入金の返済が済むまでその払戻しをしないとの約束をすること | 5 年以下の懲役または 500 万円以下の罰金（両方の場合もある） |
| 取締役等の贈収賄罪 | （収賄側としては）取締役、執行役、監査役、会計参与、会計監査人など | （収賄側としては）職務上、不正の請託（依頼）を受け、財産上の利益を受け取り、または要求もしくは約束をすること | （収賄側としては）5 年以下の懲役または 500 万円以下の罰金 |
| 株主等の権利行使に関する贈収賄罪 | （贈賄側としては）法律上、特に限定はないが、おもに取締役、執行役など | （贈賄側としては）株主の権利行使に関し、不正の請託（依頼）をして、財産上の利益を供与し、またはその申込みもしくは約束をすること | 5 年以下の懲役または 500 万円以下の罰金（贈賄側も収賄側も同じ） |
| 株主の権利行使に関する利益供与の罪 | （利益を与える側としては）取締役、執行役、監査役、会計参与など | 株主の権利行使に関し、会社またはその子会社の計算で財産上の利益を与えること | 3 年以下の懲役または 300 万円以下の罰金（両方の場合もある） |

# PART 7

知っておきたい！
株式会社のその他の
登記手続き

# 商号変更手続き

商号を変更するには定款の変更が必要になる

## ■ 変更する商号の決め方

　商号は会社の「顔」であり、商号1つで顧客の会社に対して抱くイメージがガラリと変わることもあります。商号は定款に記載され、登記されているものですから、これを変えるには定款の変更と、法務局に登記内容の変更を申請する必要があります。

　定款の変更といっても、現にある定款を書き直すことではありません（もちろん変更後の内容を記載した定款を新しく作ってもかまいません）。株主総会の特別決議で商号を変えると決め、議事録を作成すれば定款を変更したことになります。変更後の定款の内容について公証人の認証を受ける必要はありません。

　商号の選定については、原則としてどんな名称でも自由に選べます（商号選定自由の原則）。アルファベットや算用数字を使った商号も認められています。たとえば「ＴＡＫＡＨＡＳＨＩ株式会社」や「株式会社ナンバー１」などの商号を登記することができます。ローマ字は大文字、小文字とも使用でき、「７７７株式会社」といった数字だけの商号も認められます。

　ただ、「株式会社ナンバー１○○分室」など会社の一営業部門を示す文字を付加して登記することはできません。ローマ字を用いた商号であっても同様で、たとえば「株式会社ナンバー１Branch」とする商号は認められません。本店と支店で使う商号も同じものでなければなりません。

　また、株式会社の場合には必ず「株式会社」の文字をつけなければなりません。

　さらに、本店の所在場所が同一の他の会社（清算結了の登記

**商号に対する
法的制限**

①商号の中には、その会社の種類を示す表示を入れなければならない。
②同一の本店の所在場所に同一の商号（会社名）の会社を登記することはできない。
③漢字、ひらがな、カタカナの他に、最近では国際化の流れを反映してローマ字や「＆」などの文字や記号も使用することが許されている。

## 商号の選定

```
商号の選定 → 本店所在地の同一商号の調査 → 類似商号の調査 → 商号調査簿の閲覧 → 定款変更
```

がされている会社は含みません）がすでに登記した商号と同一の商号を用いることは禁止されています。

現在では、類似商号規制は廃止されましたが、既存の会社から商号使用の差止請求や損害賠償請求を受けるおそれを回避するため、商号を変更する場合には、念のために類似商号の調査をしたほうがよいといえるでしょう。

類似商号の調査は、通常、法務局に備えられている商号調査簿を閲覧して行います。法務局に行き、商号調査簿閲覧申請書に必要事項を記入して、係に提出することで商号調査簿を見ることができます。

類似商号を調査する場合には、株式会社だけでなく、合名会社や合同会社など他の種類の会社、また個人商人の商号も見たほうがよいでしょう。類似する商号があった場合は、その会社などの目的が自分の会社と重複しないか確認します（通常、目的を調べるためのファイルも法務局に備え置かれています）。

### ■ 定款変更の手続き

会社が存続中に商号を変更するためには、定款変更の手続きを行うことが必要となります。具体的には、株主総会を開き、その特別決議を経なければなりません。

---

**類似商号規制**

同一市区町村内において同じ営業のために、既に他人が登記している商号と類似する商号は使用できないとする規制のこと。会社法の施行に伴い平成18年に撤廃された。

**登記実務上問題があるとされている商号例**

・支店、出張所、支社などを含む商号
・銀行、信託会社、保険会社などではないのに、「銀行」「信託」「保険」を含む商号
・証券会社ではないのに、証券会社であると誤認されるおそれのある文字を含む商号（ただし、「〇〇証券代行株式会社」というような商号は登記できるとされている）
・公序良俗に違反する商号。たとえば、わいせつな文字を含む商号、「公安調査機関」「警視庁」「警察庁」「調査庁」といった文字を含む商号

---

株主総会を招集する際には、取締役会設置会社では、取締役会を開いて株主総会の開催の日時・場所の他、株主総会に提案する定款変更の内容などについて具体的に決めなければなりません。取締役会非設置会社では、取締役の過半数でこれらのことを決定します。取締役会で以上の事柄を決めた後、代表取締役が株主総会を招集します。

株主総会を招集するには、定款に別段の定めがない限り、会日の2週間前までに、株主に対し招集通知を発しなければなりません。株主総会の終了後は、その議事について議事録を作成し、議事の経過とその結果を記載し、議長と出席した取締役が署名か記名押印することが必要になります。

総株主の同意があれば、株主総会を開かないで株主総会の決議と同一の効力を有する書面による決議（書面決議）をすることもできます。この場合にも株主総会の議事録作成は義務付けられています。定款変更の効力は、原則として株主総会の決議が成立したときに生じます。

## ■ 何を登記するのか

商号を変更した場合に登記すべき事項としては、変更後の商号と変更の年月日があります。定款変更の決議後、本店の所在地では2週間以内、支店の所在地では3週間以内に変更登記の申請をする必要があります。

もし、登記の申請をしないままその期間が経過したとしても、登記の申請は行わなければなりません。ただ、所定の期間内に登記の申請を行うことを怠ると、100万円以下の過料の制裁を受ける可能性があります。

## ■ 法務局に提出する書類について

商号変更登記を申請する際、法務局に提出を要する書類としては、たとえば以下のようなものがあります。

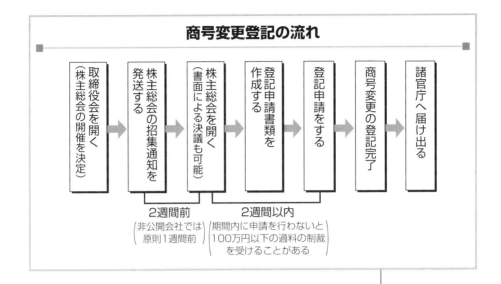

**商号変更登記の流れ**

取締役会を開く
（株主総会の開催を決定）

→

株主総会の招集通知を
発送する

→

株主総会を開く
（書面による決議も可能）

→

登記申請書類を
作成する

→

登記申請をする

→

商号変更の登記完了

→

諸官庁へ届け出る

2週間前
（非公開会社では
原則1週間前）

2週間以内
（期間内に申請を行わないと
100万円以下の過料の制裁
を受けることがある）

① 登記申請書
② 登記すべき事項を記録した磁気ディスク（CD-Rなど）
③ 株主総会議事録
④ 株主リスト
⑤ 委任状（司法書士等の代理人に登記申請を委任する場合）

　代理人に委任して登記の申請をする場合は、委任状を登記申請書に添付して法務局に提出する必要があります。

　商号を変更した場合、会社代表者の印鑑として法務局に登録されていた印鑑届出事項の記載事項に変更が生じます。しかし、原則として、改めて印鑑届出事項についての変更の手続きを行うことは不要です。もっとも、商号の変更をするのと同時に法務局に届け出ている印鑑を変更する場合には、印鑑の改印届をしなければなりません。

　なお、同一の株主総会で商号と同時に目的についても変更を行った場合には、商号変更登記の申請と目的変更登記の申請を同時に申請することができます（190ページ）。

# 定款の目的変更

## 事業内容がわかるように具体的な記載を心がける

### ■ 事業内容を変更する

　会社が営もうとする事業のことを「目的」と呼びます。目的は定款の絶対的記載事項であり、登記すべき事項なので、いったん登記した後にそれを変更する場合は、改めて変更登記の申請をしなければなりません。会社の目的がどんなものであるかということは、従業員はもちろん取引相手などの第三者にとっても重要な意味をもっています。

　現在では、会社の目的として、「商業」「商取引」などの抽象的・包括的なものも登記することができるとされていますが、実際問題としては、会社の事業内容がどのようなものかわかる程度に具体的に決めたほうがよいでしょう。

　会社の目的を登記する際は、漢字やひらがな、カタカナなどの日本文字を使うのが原則ですが、社会的に認知されている語句についてはアルファベット（ローマ字）の使用が認められています。

　なお、会社の目的は複数であってもかまいません。目的を数種類挙げて、その末尾に「前各号に付帯する一切の事業」と記載することも認められています。

　目的変更の場合の登記すべき事項については、通常、登記申請書の「登記すべき事項」欄には直接記載しません。CD-R、DVD-Rなどの磁気ディスクに登記事項を記録して法務局に提出しましょう。

　目的を変更するには、まず株主総会で定款変更の決議をし、その後、本店の所在地では2週間以内、支店の所在地では3週間以内に目的の変更登記の申請をする必要があります。

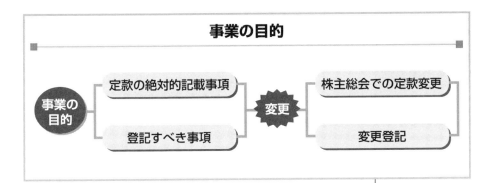

## ■ 類似商号にも注意する

　現在では登記の際の類似商号の規制は廃止されましたが、不正競争防止法などの観点から、後で類似商号が問題になることがあります。目的を変更することで、既存の同一市区町村内の会社と類似した商号となる場合がありますので、目的を変更する際には、念のために法務局で類似商号の調査をしたほうがよいでしょう。

## ■ 許認可事項をチェックする

　会社の目的として挙げた事業が、許認可が必要な業種なのかどうかは確認しておきましょう。許認可は、個人事業、法人にかかわりなく適用されます。会社設立後、実際に営業を開始する前までに、関係諸官庁の許可や認可、届出などの申請手続きが必要になります。無断で営業すると罰則を受けたり、営業停止になることがあります。

　許認可の種類は、許可、登録、免許、届出の４つに分けられます。国家資格が必要なものや、都道府県知事の指定した試験に合格して免許を持っていることが条件のものなど業種によって変わってきます。これらの業種を会社として行う場合、それぞれの業種ごとの法律が適用され、許認可や免許、届出の申請が義務付けられています。

> **許認可**
> 一定の業務を行うにあたって、行政機関の承諾などを受けること。

> **許認可の申請先**
> 申請先は、営業所や店を管轄する官庁や知事などである。受付窓口は、保健所、警察署、税務署、地方自治体など、業種によって異なる。申請手数料や提出書類、有効期限も違ってくる。

# 目的を登記する場合の注意点

営利性、明確性、適法性が要求される

## ■ 目的を変更する場合には一応の調査をすべき

他社の商品や営業と誤認・混同されるおそれがある場合は、不正競争防止法の規定により商号使用差止請求や損害賠償請求を受けることがあります。そのため、事業目的を変更する場合には、一応の調査をする必要があります。

たとえば、自分の会社名が「株式会社ＸＹＺ」であり、目的が「飲食業」であったとします。一方、同じ市内に目的を「女性用化粧品の製造・販売」とする比較的有名な「株式会社ＸＹＺ」があったとします。このような場合、自分の会社の目的の「飲食業」を「女性用化粧品の製造・販売」に変えたり、あるいは既存の目的に「女性用化粧品の製造・販売」を追加し、実際に女性用化粧品の製造・販売をして、消費者がその商品を別の株式会社ＸＹＺの商品と混同したような場合には、会社名の使用の差止請求をされたり、損害賠償請求をされることがありえます。

## ■ 抽象的・包括的な目的の登記も可能

かつて会社の目的を登記する際には、営利性・明確性・具体性・適法性の４つが要求されていましたが、現在では具体性は要求されず、「商業」「商取引」のような抽象的・包括的な目的も登記できるようになりました。しかし、現在でも営利性・明確性・適法性は要求されていますので、注意が必要です。

① 営利性のある目的であること

会社は一種の団体ですが、社会にはいろいろな団体が設立さ

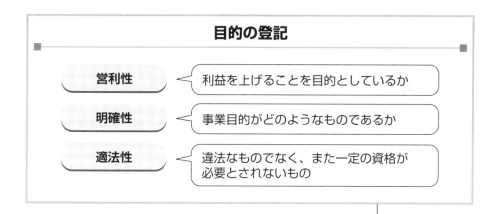

## 目的の登記

| | |
|---|---|
| **営利性** | 利益を上げることを目的としているか |
| **明確性** | 事業目的がどのようなものであるか |
| **適法性** | 違法なものでなく、また一定の資格が必要とされないもの |

れて活動しています。慈善事業を目的とする団体もあれば、布教活動を目的とする宗教法人、教育を目的とする学校法人など多種多様です。

他の団体と株式会社や合名会社との決定的な違いは、利益を上げることを目的としているかどうかという点です。そのため、会社が登記する目的には、営利性がなければなりません。

② 明確性のある目的であること

登記されている目的を参考にして出資者は資金を出資します。また、取引に入ろうとする人は信用調査の判断材料とします。

そのため、登記される目的は、その会社がどのような事業目的をもっているかがわかる程度に明確なものでなければなりません。

③ 適法性のある目的であること

会社が一種の法人として認められているのは、社会的にみて有用だからです。いくら営利を求めて活動していても、法律に触れたり社会の秩序に反することは許されないことはいうまでもありません。ですから、目的は適法（法に違反していない）なものでなければなりません。また、弁護士業、司法書士業など、その業務を行う者に一定の資格が必要とされる業務を目的とすることはできません。

> **適法性のある目的**
>
> 一定の資格を必要とする業務であっても「理容」「美容」「測量」など「事実行為」と呼ばれるものについては、会社の目的とすることができる。

# 目的の変更手続き

原因日付は定款の効力が生じた日になる

## ■ 法務局に提出する書類

　会社が存続中に目的を変更するためには、商号変更と同様に、定款変更の手続きを行うことが必要です。具体的には、株主総会を招集し、開催した株主総会で特別決議による賛成多数を得なければなりません。

　定款変更の効力は、原則として株主総会の決議が成立したときに生じます。

　本店の所在地で目的変更登記を申請する際、法務局に提出しなければならない書類には以下のものがあります。

① 　登記申請書

② 　登記すべき事項を記録したCD-Rなど

③ 　株主総会議事録

④ 　株主リスト

⑤ 　委任状（司法書士等の代理人に登記申請を委任する場合）

　目的変更登記の場合、登記すべき事項は、変更後の目的と変更年月日です。登記すべき事項の記載量が多い場合、CD-Rなどの磁気ディスクにより提出することもできます。目的の一部だけを変更した場合であっても、変更後の目的をすべて記載する必要があります。記載する目的は、株主総会の議事録に記載されたものと一致していなければなりません。原因年月日は定款変更の効力が生じた日付です。通常は、株主総会の決議の日です。

## ■ 商号と目的を同時に変更する場合

　同一の株主総会で、商号変更と目的変更に関する定款変更の

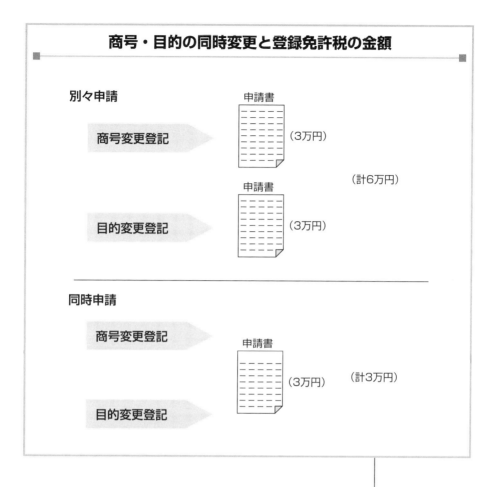

## 商号・目的の同時変更と登録免許税の金額

**別々申請**

商号変更登記 → 申請書 （3万円）

目的変更登記 → 申請書 （3万円）

（計6万円）

**同時申請**

商号変更登記

目的変更登記 → 申請書 （3万円）

（計3万円）

決議をしたときは、商号変更登記の申請と目的変更登記の申請を1つの登記申請書で申請すべきです。もし、商号変更登記の申請と目的変更登記の申請を別々の登記申請書で行ったとすると、登録免許税がそれぞれ3万円ずつかかりますが、1つの登記申請書で行えば、1件分3万円ですむからです。本店の所在地で、商号変更と目的変更の登記を同一の申請書で申請する場合、法務局には通常、①登記申請書、②CD-Rなどの磁気ディスク、③株主総会議事録、④株主リスト、⑤委任状、といった書類を提出します。

**商号**

商人や会社が営業上、自己を表示するために用いる名称のこと。商業登記法における商号は、商法11条1項（商人はその氏、氏名、その他の名称をもってその商号とすることができる）または会社法6条1項（会社はその名称を商号とする）に規定する商号をいう。

# 役員変更

最もよく行われる変更登記である

## ■ どんな場合に役員変更登記をするのか

取締役、代表取締役、監査役など役員の変更について登記をするのは以下のようなケースです。

① 役員が会社の解散以外の理由で退任した場合、

② 役員が新たに就任した場合、

③ 役員が重任（再任）した場合、

④ 婚姻などにより役員の氏名に変更があった場合、

⑤ 代表取締役の住所に変更があった場合

## ■ 役員について登記すべき事項とは

役員について登記すべき事項としては、取締役や監査役の氏名が挙げられます。代表取締役は氏名の他、住所も登記します。なお、取締役会非設置会社で、取締役の中から代表取締役を選任していない場合は、全員が代表取締役になります。取締役が1人しかいない場合は、その者が当然に代表取締役となります。

役員の変更登記の申請は、変更があったときから、本店の所在地では2週間以内に、支店の所在地では3週間以内にする必要があります。この期間内に登記の申請をすることを怠った場合には、100万円以下の過料を課されることになります。

登記期間は、役員の就任の場合、選任決議などが効力を生じた日と就任の承諾が効力を生じた日のどちらか遅いときから起算します。役員の任期が必ず選任のときから起算されるのと異なりますので、この点、注意が必要です。辞任の場合は、辞任が効力を生じたときから起算します。「辞任が効力を生じたと

**重任**

重任とは、任期満了により退任すると同時に再選されて就任することをいう。重任があった場合は、その旨を登記しなければならない。なお任期満了に伴う再選の場合であっても、任期満了の日と再選就任の日との間に、何日か間がある場合には、重任には該当しない。この場合は就任登記を申請することになる。

**支店**

本店に従属するが、ある範囲で独立した事業活動をすることが認められている事業所のこと。

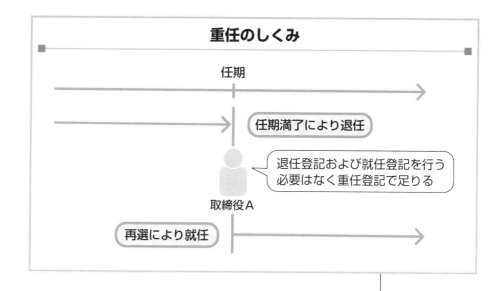

き」とは、通常、辞任の意思が会社に到達したときです。

## ■ 任期満了・辞任により所定の人数を欠く場合

　取締役、代表取締役または監査役の任期満了または辞任による退任で、法律・定款に定める員数（人数）を欠くことになる場合があります。

　このような場合、退任の登記期間は後任者の就任の日から起算します。任期満了もしくは辞任によって退任しても、法律もしくは定款に定める員数（人数）を欠く場合は、後任者が選任され、就任するまでは、役員としての権利義務を有するため、後任者が就任するまでその退任の登記はできないからです。

## ■ 取締役・監査役の就任または重任の登記の添付書類

　取締役・監査役の就任または重任の登記申請書に添付すべき書類としては、株主総会議事録と株主リストがあります。

　また、就任承諾書と、重任の場合を除き就任承諾書に記載された氏名・住所と同一の記載がなされた住民票の写しなど本人

定款所定の人数を欠くケース

たとえば、取締役の人数を定款で3人としている場合に3人中2人の取締役が任期満了を迎えたとしても、取締役が1人になってしまうため、その2名についての退任の登記は認められない。

確認証明書が必要になります（印鑑証明書を添付する必要がある場合は本人確認証明書の提出は不要です）。

この他、定款と委任状を添付しなければならない場合もあります。

## ■ 代表取締役の就任または重任の登記の添付書類

取締役会設置会社の場合、取締役会設置会社の代表取締役の就任または重任の登記申請書には、取締役会議事録を添付します。

取締役会議事録には、出席取締役・監査役が実印を押印し、それぞれの印鑑証明書の添付を添付しなければなりません。もっとも、これまでの代表取締役が取締役または監査役としての権限をもって取締役会に出席し、かつ法務局へ届け出ておいた印鑑により取締役会議事録に押印した場合には、これらの印鑑証明書は不要です。

次に、実印を押印し、印鑑証明書を添付した就任承諾書が求められます（重任の場合は印鑑証明書不要）。

さらに、司法書士などの代理人によって申請する場合には委任状が必要です。

**就任承諾書**

取締役・代表取締役の就任承諾書の記載例については巻末248ページ参照。

## ■ 取締役、代表取締役または監査役の退任登記の添付書類

取締役、代表取締役と監査役退任の登記申請書には、その退任を証明する書面を添付する必要があります。

任期満了による退任の場合、取締役、監査役の任期が会社法の規定どおりであれば、退任を証する書面を添付する必要は特にありません。しかし、たとえば定款によって取締役の任期を短縮あるいは伸長している場合や、定款によって監査役の任期を伸長している場合には、退任を証する書面として、定款の添付が必要です。

なお、後任の取締役や監査役を選任した株主総会議事録の記載から、任期の短縮や伸長についての定めがわかる場合には、そ

## 変更登記申請書の添付書類

就任登記 ➡ 就任承諾書＋本人確認証明書
就任承諾書＋印鑑証明書

重任登記 ➡ 就任承諾書

辞任登記 ➡ 辞任届
代表取締役等の場合：辞任届（個人の実印）＋印鑑証明書
辞任届（会社の実印）

の記載を援用することで、定款の添付を省略することができます。

辞任の場合は、辞任届を添付します。ただし、辞任するのが、会社の実印を登記所に提出している代表取締役、代表執行役、代表取締役である取締役、代表執行役である執行役の場合は、辞任届に個人の実印を押印した上、その印鑑証明書を添付する必要があります（辞任届に会社の実印を押印すれば、印鑑証明書の添付を省略することができます）。

解任による退任の場合は、取締役あるいは監査役の解任であれば、その解任の決議に関する株主総会議事録が必要です。代表取締役の解任の場合、通常、取締役会議事録または取締役の過半数の一致を証する書面を添付します。株主総会で選任され、解任された代表取締役の場合であれば、株主総会議事録を添付します。株主総会議事録を添付する場合はあわせて株主リストの提出も必要になります。

死亡による退任の場合は、死亡の事実を証明するため、戸籍抄本あるいは死亡診断書あるいは家族から会社にあてられた死亡届などを添付します。

> **援用**
>
> この場合、「代わりに用いること」の意味。つまり、株主総会議事録が定款の代わりになる。

# 本店移転

3つのパターンに分けられる

## ■ 本店移転の登記とは

　株式会社が本店を移転したときも、変更登記を申請します。本店移転のパターンは、移転先が同じ法務局の管轄区域内にあるかどうか、移転にあたり定款の変更を必要とするかしないかにより、次の3つに分けることができます。

**① 同じ法務局の管轄区内の移転で定款の変更を必要としない場合**

　一番基本的なケースです。会社の定款で本店の所在地を「東京都品川区に置く」などと市区町村名だけで定めている会社が品川区内の他の場所へ移転する場合です。この場合は、取締役会で移転先と移転日を決定して、実際に本店を移転した後に登記を申請します。

**② 同じ法務局の管轄区内での移転で定款の変更を必要とする場合**

　たとえば、「東京都品川区品川2丁目2番2号に置く」などと具体的な所在場所まで定めている会社が品川区内の他の場所へ移転する場合です。まず、株主総会で定款変更を決議してから取締役会で移転先と移転日を決議して、実際に本店を移転した後に登記を申請します。

**③ 他の法務局の管轄区内へ移転する場合**

　まず、株主総会で定款変更の決議をし、取締役会で移転先と移転日を決議します。登記申請については、登記申請手続きを旧本店所在地を管轄する法務局と、新本店を管轄する法務局の2つの法務局に対して申請する必要があり（2つの申請書を旧

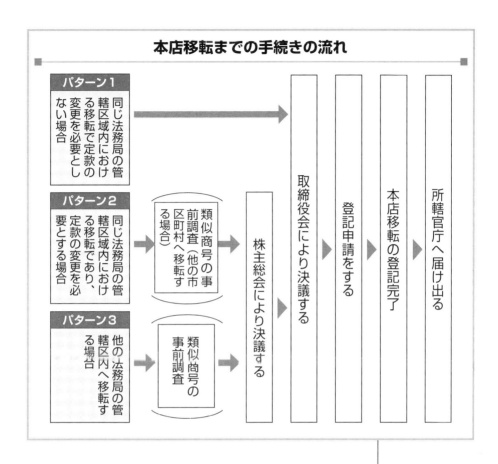

## 本店移転までの手続きの流れ

**パターン1**
同じ法務局の管轄区域内における移転で定款の変更を必要としない場合

**パターン2**
同じ法務局の管轄区域内における移転であり、定款の変更を必要とする場合

→ 類似商号の事前調査（他の市区町村へ移転する場合）

**パターン3**
他の法務局の管轄区内へ移転する場合

→ 類似商号の事前調査

→ 株主総会により決議する

→ 取締役会により決議する

→ 登記申請をする

→ 本店移転の登記完了

→ 所轄官庁へ届け出る

---

本店所在地を管轄する法務局に提出するという形をとります）、補正の有無も新旧それぞれの法務局で確認する必要があります。

### ■ 定款変更が必要な場合

　本店の所在地は定款の絶対的記載事項ですから、前述した②、③の場合には、定款変更の手続きをとらなければなりません。

　定款を変更するには株主総会で特別決議を経なければなりません。特別決議とは、原則として総株主の議決権の過半数にあたる株主が出席し、その議決権の３分の２以上の賛成による決議のことです。

**絶対的記載事項**
定款に絶対に記載しなければならないもので、その記載がなければ定款自体が無効となってしまう事項のこと。たとえば、会社の商号、目的、本店の所在地などがある。

# 同じ管轄区域での移転方法

定款の変更を必要としない場合がある

## ■ 同じ法務局の管轄区内の移転で定款変更を必要としない場合

　本店の所在地として定款に最小行政区画だけを定めた場合、その区域内の移転であれば、定款変更のための株主総会を開く必要はありません。取締役会設置会社では、取締役会を開いて具体的な移転先（地番まで）と移転時期を決めればすみます。取締役会非設置会社では、取締役の過半数の一致によって決定します。登記の申請手続きは図（次ページ）のとおりです。

## ■ 同じ法務局の管轄区内での移転で定款変更を必要とする場合

　同じ法務局の管轄区域内の移転でも、他の市区町村へ移ることになれば、定款変更の手続きが必要です。法務局が管轄する区域は、1つの市区町村の場合もあれば、2つ以上の市区町村の場合もあります。たとえば東京都千代田区と中央区はともに東京法務局の管轄区域内にありますが、2区間で本店を移転する場合、定款変更の必要があるということです。本店を他の市区町村内に移すときは、事前に移転先の法務局に行き、類似商号が登記されていないか調べたほうがよいといえるでしょう。

　次に定款の変更決議をして本店の移転先、時期を決定します。定款に本店の所在地として具体的な所在場所まで記載してある場合（たとえば豊島区南大塚2丁目9番10号）には、同一市区町村内の移転であっても常に定款変更をしなければなりません。

　本店移転のための定款変更は株主総会の特別決議を経なければなりません。定款変更の決議があった場合には、次に取締役会または取締役の過半数の一致によって本店の具体的な移転先

## 本店移転の登記申請手続き

**1　申請期間**

本店移転の登記申請は、本店移転の効力が生じた日から起算して、本店所在地では2週間、支店所在地では3週間以内に行う。

**2　申請人**

会社代表者が申請人になる。

**3　登記すべき事項**

新本店の所在地、本店移転の年月日を登記する。

**4　提出書類**

・登記申請書　1通
・株主総会議事録（完款変更が必要な場合）1通、
　株主リスト　1通、CD-Rなどの磁気ディスク
・取締役会議事録（または取締役の過半数の一致を証する書面）1通
・委任状　1通（司法書士などの代理人に登記申請を委任する場合）

**5　登録免許税**

本店所在地では3万円、支店所在地では9000円納付する。

とその時期を決定します。

　申請期間、申請人、登記すべき事項、登録免許税はともに定款変更を必要としない場合と同じです。提出書類は以下のとおりです。

・登記申請書　1通
・登記すべき事項を記録したCD-Rなどの磁気ディスク
・株主総会議事録　1通
・株主リスト　1通
・取締役会議事録（または取締役の過半数の一致を証する書面）1通
・委任状　1通（司法書士などの代理人に登記申請を委任する場合）

# 他の管轄区域への移転方法

## 書類の提出方法に注意する

### ■ 他の法務局の管轄区内へ移転する場合

　本店を他の法務局の管轄区域に移すときは、当然定款変更の手続きが必要になりますので、株主総会の特別決議を経なければなりません。次に、取締役会または取締役の過半数の一致で本店の具体的な移転先（番地などまで）とその時期を決めます。

　法務局の管轄区域を越えて移転する場合、旧本店所在地の法務局（旧法務局）に対する分と新本店所在地の法務局（新法務局）に対する分の2件分の書類を用意します。2件分とも旧法務局にまとめて提出します。申請期間、申請人については、定款変更を必要としない場合（194ページ）と同じです。

　新法務局に対する申請書には、登記すべき事項として、現に効力を有する登記事項（旧法務局に現に登記している事項）をすべて正確に記載しなければなりません。記載すべき事項が膨大な量になる場合は、CD-Rなどの磁気ディスクに記録して添付するか、もしくは登記事項証明書を添付して申請することもできます。入力ミスなどがあれば更正登記を申請しなければならなくなることから、登記事項証明書を添付するほうが簡便で、かつ正確な方法といえます。この場合は、「別添登記事項証明書のとおり」と記載し、申請書に登記事項証明書を契印して申請します。

　旧本店の法務局に対する申請に必要な書類は、次のとおりです。

・登記申請書　　1通

・株主総会議事録　　1通

・株主リスト　　1通

**特別決議**

議決権を行使できる株主の過半数が出席し、出席した株主の3分の2以上の賛成を要する決議。

**更正登記**

22ページ参照。

## 本店移転登記手続きにおける申請書の提出方法

新法務局用の
申請書

旧法務局用の
申請書

旧法務局

新法務局

・取締役会議事録（または取締役の過半数の一致を証する書
　面）1通
・委任状　1通（司法書士などの代理人に登記申請を委任する
　場合）
　新法務局用の申請書類は旧法務局用の申請書類といっしょに
旧法務局に提出します。審査の後、新法務局用の申請書類は旧
法務局から職権により、新法務局に向けて送られることになり
ます。新本店の法務局に対する申請には以下の書類が必要とな
ります。
・登記申請書　1通
・CD-Rなどの磁気ディスクもしくは登記事項証明書
・委任状　1通（司法書士などの代理人に申請を委任する場合）
・会社代表者の印鑑届出書

### ■ 書類の提出方法はどうなっているのか
　旧本店、新本店2件分の書類は、旧本店の法務局に一括して
同時に提出する必要があります。新本店の法務局に対する書類
は申請内容を審査後、旧本店の法務局を経由して書留郵便で送
付されることになります。
　なお、登録免許税は、旧本店の法務局に対する分が3万円、
新本店の法務局に対する分が3万円の計6万円です。

# 増資の手続き

有償増資には、①株主割当増資、②第三者割当増資、
③公募増資の3種類がある

## ■ 増資とは

　会社の資本金は会社設立後であっても増やすことができます。これを増資といい、新たに株式を発行して購入者から払込みを受け取ることで資本金を増やす有償増資と、会社内部に積み立てられていた準備金や剰余金を取り崩して資本金に組み入れる無償増資という2つの方法があります。さらに有償増資は、株式を割り当てる対象によって①株主割当増資、②第三者割当増資、③公募増資の3種類に分けられます。

　新規事業の立ち上げや設備投資、あるいは資金繰りの悪化などで会社が新たな資金の調達が必要になった場合に、増資は利用されます。一般的に資金調達といえば、銀行からの融資を思い浮かべますが、融資が借入金であるのに対し、増資は株式を購入してもらって得たお金（自己資本）ですので、返済の義務はなく、逆に資本金が増加することで対外的な信用度を上げることができるので経営者にとって魅力的な資金調達手段と考えられています。

## ■ 増資の手続き

　株式の発行による有償増資には、既存の株主に対し、持ち株の数に応じて株式を割り当てる株主割当増資と、取引会社や従業員など会社に関連する特定の第三者に対し、新たに株式を取得できる権利を与える第三者割当増資、広く一般の投資家を対象に出資を仰ぐ公募増資の3種類があります。ここでは第三者割当増資の手続きについて説明します。

**第三者割当増資**
中小企業では第三者割当増資が多く利用されている。

# 増資（募集株式の発行登記）の登記

**登記の事由**　募集株式発行

**登記すべき事項**　「発行済株式の総数並びに種類および数」
「発行済株式の総数」○○○株
　※変更後の総数を記入する
「原因年月日」令和○年○月○日変更
「資本金の額」金○○○万円
　※変更後の資本金の額を記入する
「原因年月日」令和○年○月○日変更
　※原因年月日は払込期日または払込期間の末日を記載

**添付書類**　株主総会議事録　　1通
株主リスト　　　　1通
取締役会議事録　　1通（取締役会設置会社の場合）
募集株式の引受けの申込みを証する書面　　○通
払込みがあったことを証する書面　　1通
資本令の額の計上に関する証明書　　1通
委任状（司法書士に依頼した場合）　1通

　第三者割当増資の手続きでは、株主総会（公開会社では取締役会）において第三者割当増資の実施要件として、①募集株式の数、②払込金額、③払込期日・期間、④増加する資本金の額、⑤現物出資があるときはその旨と現物出資財産の内容および価額といった募集事項を決定します。募集事項が決定すれば、株式の引受先に募集事項を通知し、通知を受けた者は申込期日までに、募集株式の引受けの申込みを行います。申込みを受けた会社は、株主総会または取締役会の決議で、誰に何株割り当てるかを決定します。割当決定の通知を受けた申込者は、払込期日（期間）までに出資を履行することで新たに株主となります。最後に、払込期日から2週間以内に「募集株式の発行」を登記事由として変更登記を申請すれば手続きが完了します。

**払込期日**

払込期間を定めた場合はその期間の末日。

**登録免許税**

増加した資本金の額に1000分の7を乗じた額である。

# 組織再編とM＆A

代表的な手法としては、合併、株式譲渡、事業譲渡、会社分割などがある

## ■ どのような手段があるのか

会社法には、事業再編成の手続きとして、①合併、②事業譲渡、③会社分割、④株式交換、⑤株式移転、⑥株式交付、⑦組織変更が用意されています。このうち①②③④⑥は、M＆Aの手段として頻繁に利用されています。その他、M＆Aの最も単純な手段として、⑧株式譲渡があります。以下、M＆Aの代表的な手段であるこれらの規定について紹介します。

### ・合併

複数の会社が統合して、ひとつの会社になることを合併といいます。合併の特徴は、個々の会社が持っていた権利義務（財産や負債など）を包括的に統合後の会社に引き継ぐことです。

### ・事業譲渡

相手企業が運営している事業のうち、必要な事業を、お金を支払って買い取る方法です。会社を丸ごと取得するのではなく、事業に含まれる個々の権利義務を取得する点が特徴です。

### ・会社分割

会社の事業の全部または一部を別の会社に包括的に引き継がせる手法です。合併と同様に事業に関連した個々の権利義務（財産や負債など）を包括的に他社に引き継ぐことが可能です。

### ・株式交換

相手企業の発行済み株式を100％取得して、完全子会社化する手法です。株式取得の対価が、原則としてお金ではなく、自社株式である点で、株式譲渡による買収とは異なります。株式交換による買収のメリットは、資金を調達できない場合でも買

# 代表的なM&Aスキームの比較

| | 事業譲渡 | 合併 | | 会社分割 | | 株式譲渡 | 株式交付 |
|---|---|---|---|---|---|---|---|
| | | 吸収合併 | 新設合併 | 吸収分割 | 新設分割 | | |
| 株主総会の特別決議 | 事業の全部または重要な一部の譲渡、事業全部の譲受けの場合、必要 | 必要 | 必要 | 必要 | 必要 | 不要（譲渡制限株式の場合、譲渡承認は必要） | 必要 |
| 株式買取請求権 | あり | あり | あり | あり | あり | なし | あり |
| 債権者保護手続き | なし | あり | あり | あり | あり | なし | 一定の場合にあり |
| 効力発生日 | 契約で定められた日 | 契約で定められた日 | 設立登記日 | 契約で定められた日 | 設立登記日 | 契約で定められた日 | 契約で定められた日 |
| 株主の変動 | なし | 消滅会社の株主は原則として存続会社の株主となる | 消滅会社の株主は原則として新設会社の株主となる | 原則としてなし | 原則としてなし | 株式の譲受人が譲渡会社の株主になる | 親子会社の関係になる |

収可能なことです。

・株式交付

　株式交換と同様に、子会社になる会社の株式を取得する対価として、自社株式を交付する手続です。株式交換と異なり、完全子会社とする必要はありません。

・株式譲渡

　実質的には、株式の売買契約です。相手企業の株式を購入することで、相手企業への支配権を獲得します。特に、1～数人の大株主から株式を取得すれば支配権を獲得できるような会社のM＆Aには、この手法が向いています。株式譲渡による買収

のおもなメリットは、手続きが簡単であることです。おもなデメリットは、取得の対価は金銭であることが多く、株式を対価とする場合の株式交換と異なり、多額の資金が必要になることです。

## ■ 簡易組織再編・略式組織再編とは

　組織再編の中には、会社に与える影響が軽微なものもあります。また、大企業が分割会社となる場合でも、巨大な資産のうちのごく一部だけを承継会社に引き継ぐのであれば、会社に与える影響は軽微です。会社の事業に与える影響が少ないにもかかわらず、原則通り株主総会の特別決議を求めると、負担が大きすぎます。そこで、規模の大きな会社が組織再編を行う場合などに、一定の条件をクリアすれば株主総会の特別決議を省略できる制度が設けられています。これが簡易組織再編です。簡易組織再編は、合併、分割、株式交換、株式交付について認められます。事業譲渡についても同様の簡易事業譲渡が認められます。

　略式組織再編も、簡易組織再編と同様に、株主総会決議の省略を可能にする制度です。おもにグループ企業内の事業再編などを想定した制度です。この制度は、株式による支配関係のある会社間での組織再編について株主総会決議の省略を認める点がポイントです。株式の大部分を保有している子会社を吸収合併する場合、子会社で株主総会を開いて決議を得る意味がありません。株主総会を開催すれば当然、決議が可決されるからです。そこで、一方の当事会社およびその直接または間接の100%子会社が相手方の総株主の議決権の90%以上を所有している会社の組織再編については、株主総会決議を不要とする取扱いにしています。

## ■ 事業再編と事前の差止請求

　事業再編については、合併、会社分割、株式交換、株式交付の場合には株主による事前の差止請求が認められています。差止

「5分の1」が基準

簡易組織再編の具体的な要件は組織再編の種類によって異なるが、イメージとしては、存続会社では「対価として交付する財産の価額がその会社の純資産額の5分の1（20％）を超えない場合」に総会特別決議を省略でき、吸収分割の分割会社では「承継させる資産の価額がその会社の総資産の5分の1を超えない場合」に省略できる制度と捉えればよい。

簡易組織再編における株式買取請求

簡易組織再編の存続会社の株主には、株式買取請求権は認められない。

略式組織再編における株式買取請求

略式組織再編を行う株式会社の特別支配会社（議決権の90％以上を保有している会社）について、買取請求権は認められない。

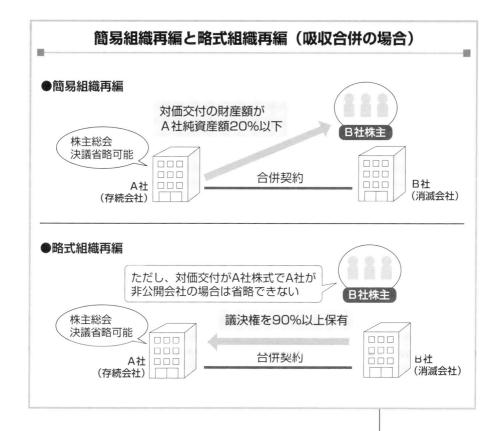

## 簡易組織再編と略式組織再編（吸収合併の場合）

### ●簡易組織再編

対価交付の財産額が
A社純資産額20%以下

株主総会
決議省略可能

A社
（存続会社）

合併契約

B社株主

B社
（消滅会社）

### ●略式組織再編

ただし、対価交付がA社株式でA社が
非公開会社の場合は省略できない

B社株主

株主総会
決議省略可能

A社
（存続会社）

議決権を90%以上保有

合併契約

B社
（消滅会社）

請求が認められる要件は以下の①と②の双方を満たすことです。

① その組織再編が法令または定款に違反する場合

② 株主が不利益を受けるおそれがあるとき

略式組織再編の場合は、②の要件は変わりませんが、①について、法令・定款に違反する場合の他、組織再編の対価が著しく不当な場合も差止請求が可能です。したがって、これらの組織再編について、反対株主等がその効力を争う方法は、組織再編無効の訴えの方法もありますが、時間がかかる上に事後的な解決であるため、株主が不利益を受けるおそれがあるときは、事前の差止請求を行うことが有効です。

ただし、簡易組織再編については差止請求はできません。

### 新設型組織再編と4倍ルール

新設型組織再編には、新設合併および新設分割による新会社の設立、株式移転による完全親会社の設立がある。このような組織再編による新会社設立の場合でも、設立時の発行可能株式総数が、設立時の発行済株式総数の4倍を超えてはならない。ただし、非公開会社には適用されない。

# 合併の手続きと登記

存続会社と消滅会社の両方の手続きが必要になる

## ■ 合併とは

合併とは、複数の会社が1つの会社になることです。合併の類型として吸収合併と新設合併があります。

吸収合併は、合併する複数の会社のうちの1社が存続して、他の会社を吸収する方式です。新設合併とは、新しい会社を作って、合併する複数の会社が新会社に吸収される方式です。いずれの場合も吸収された会社は消滅します。

なお、簡易組織再編による合併を簡易合併、略式組織再編による合併を略式合併と呼びます。

## ■ 吸収合併の登記手続き

新設合併の場合、「新会社は改めて登記をしなければならない」「許認可が必要な業種では新しく許認可を取り直さなければならない」などの事務手続上の煩わしさがあるため、実務上新設合併はあまり利用されていません。そこで、以下、合併の登記申請手続きについては吸収合併を前提に説明します。

吸収合併を行った場合は、存続会社についての変更登記と消滅会社についての解散登記の2つの登記を申請します。存続会社の代表者が、存続会社の変更登記の申請だけでなく消滅会社の解散登記の申請も行います。登記の申請書は、変更登記と解散登記の申請書をセットにして、存続会社の本店所在地を管轄する登記所に提出します。吸収合併において、存続会社の本店所在地を管轄する登記所の管轄区域内に消滅会社の本店がない場合には、次のような処理がなされます。

---

**三角合併**

吸収合併を行う際、存続会社は自社の株式だけでなく、その親会社の株式を合併対価として交付できる。存続会社がその親会社の株式を交付するタイプの合併を三角合併と呼ぶ。

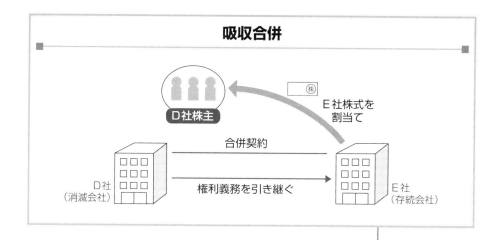

## 吸収合併

D社株主

E社株式を割当て

D社
（消滅会社）

合併契約

権利義務を引き継ぐ

E社
（存続会社）

① 存続会社の本店所在地を管轄する登記所は、吸収合併による変更登記と解散登記の申請を審査します。

② ①の申請に却下になるような事情がなければ、存続会社の本店所在地を管轄する登記所は吸収合併による変更登記を行います。

③ ②の登記後、存続会社の本店所在地を管轄する登記所は解散登記の申請書を消滅会社の本店の所在地を管轄する登記所に送ります。

④ 消滅会社の本店所在地を管轄する登記所は、送付された申請書に基づいて解散登記を行い、登記記録を閉鎖します。

なお、吸収合併による解散登記の申請書に記載する申請先は、消滅会社の本店所在地を管轄する登記所ですので注意しましょう。

### ■ 吸収合併による変更登記

存続会社において申請される変更登記の登記事由は「吸収合併による変更」です。吸収合併した旨およびその効力発生と、消滅会社の商号、住所が登記すべき事項となります。吸収合併に際し、合併対価として株式を交付し、資本金が増加した場合には、変更後の発行済株式の総数および資本金の額も登記事項

### 変更登記の登記すべき事項

吸収合併した旨および吸収合併の年月日と、消滅会社の商号、住所の他、下記の事項も登記事項となる。
① 合併対価として株式を発行した場合は、変更後の発行済株式の総数並びにその種類および種類ごとの数および変更年月日
② 資本金が増加した場合は、変更後の資本金の額および変更年月日
③ 消滅会社の新株予約権者に対して新株予約権を発行した場合は、新株予約権に関する登記事項および変更年月日など
この他、発行可能株式総数や商号を変更した場合や、役員を選任した場合には、それらも登記事項となる。

**合併契約書の記載事項**

①存続会社および消滅会社の商号・住所
②合併対価（存続会社が消滅会社の株主に交付する対価）に関する事項
③消滅会社が新株予約権を発行しているときは、当該新株予約権の対価等に関する事項
④効力発生日

となります。添付書面としては下記のものが挙げられます。

### ① 吸収合併契約書

存続会社と消滅会社が締結した合併契約書を添付します。

### ② 株主総会議事録

存続会社および消滅会社の株主総会で合併を承認する特別決議がなされたことを証明するために添付します。株主総会議事録とあわせて株主リストも添付する必要があります。

### ③ 債権者保護手続きを行ったことを証する書面

存続会社と消滅会社の双方で、官報公告と存在を知っている債権者（知れている債権者）に対して催告を行ったことを証明する書面を添付します。なお、異議を述べた債権者がいない場合は、申請書に「異議を述べた債権者はいない」と記載します。

### ④ 資本金の額が会社法445条5項の規定に従って計上されたことを証する書面

合併によって存続会社の資本金の額が増加する場合に添付します。

### ⑤ 消滅会社の登記事項証明書（作成後3か月以内のもの）

消滅会社の本店が、存続会社の本店所在地を管轄する登記所の管轄区域内にない場合に添付します。

### ⑥ 株券提供公告を行ったことを証する書面

消滅会社が株券発行会社の場合、合併の効力発生日の1か月前まで会社に株券の提出をするように促す公告を行わなければなりません。ただし、株式の全部について株券を発行していない場合は、そのことを証する書面（株主名簿等）を添付します。この場合には、株券提出公告は不要です。

### ⑦ 新株予約権証券の提出公告を行ったことを証する書面

消滅会社が新株予約権を発行している場合は、合併の効力発生の20日前までに、新株予約権提出公告を行わなければなりません。ただし新株予約権の全部について証券を発行していない場合は、そのことを証する書面（新株予約権原簿）を添付します。

**変更登記についての登録免許税**

登録免許税は、増加した資本金の額が合併当時の消滅会社の資本金の額よりも少ない場合は、増加した資本金の額に1000分の1.5を掛けた額となる。一方、合併によって増加した資本金の額が消滅会社の資本金の額を超える場合は、超えた部分の税率が1000分の7となる。
これによって計算した税額が3万円に満たないときは3万円となる。

## 合併手続きの流れ

| | | |
|---|---|---|
| ① | 合併契約の締結 | ・存続会社と消滅会社が合併契約を結ぶ<br>・合併契約書の記載事項に不備がないようにする |
| ② | 事前開示 | ・株主や会社債権者のために合併に関する資料を備え置く<br>・存続会社と消滅会社の各本店に備え置く |
| ③ | 株主総会 | ・原則として存続会社、消滅会社双方で株主総会の特別決議が必要<br>・簡易合併の場合には存続会社の総会決議を省略できる<br>・略式合併の場合には消滅会社の総会決議を省略できる |
| ④ | 反対株主の株式買取請求 | ・合併に反対する株主は会社に対して公正な価格での株式の買取りを請求できる |
| ⑤ | 債権者保護手続き | ・債権者に対し、官報公告を行う<br>・存在を知っている債権者には個別の催告が必要 |
| ⑥ | 登記 | ・効力発生日から2週間以内に登記をする<br>・吸収合併の場合、存続会社については変更登記を、消滅会社については解散の登記を行う<br>・新設合併の場合は設立の登記と解散の登記を行う |
| ⑦ | 事後開示 | ・吸収合併の効力発生後、遅滞なく、事後開示書面を作成し、存続会社の本店に備え置き、株主と債権者が閲覧できるようにする<br>・備え置く期間は、効力発生日から6か月間 |

## ■ 吸収合併による解散登記

　登記の事由は、「合併による解散」と記載します。登記すべき事項は、合併により解散した旨と合併年月日、存続会社の商号と本店を記載します。

　添付書類は不要です。同時に（セットにして）申請する存続会社についての変更登記の申請書（添付書類）で必要事項を確認できるからです。

> **解散登記についての登録免許税**
>
> 吸収合併による解散の登記の登録免許税は1件につき3万円である。

# 会社分割の手続きと登記

分割会社の変更登記と承継会社の変更登記をセットに
して申請する

**吸収分割契約書
の記載事項**

①分割会社および承継
　会社の商号・住所
②承継会社が分割会社
　から承継する資産・
　債務・雇用契約その
　他の権利義務に関す
　る事項
③分割対価（承継会社
　が分割会社に対して
　交付する対価）に関
　する事項
④分割会社が新株予約
　権を発行している場
　合であって、承継会
　社が当該新株予約権
　者に承継会社の新株
　予約権を交付すると
　きは、当該対価等に
　関する事項
⑤効力発生日

## ■ 会社分割とは

　会社分割とは、たとえば、1つの会社を2つ以上の会社に分けることです。会社分割には吸収分割と新設分割の2つの方法があります。吸収分割とは、会社が切り分けた事業を既存の他の会社に継承させる方法です。新設分割は、新設した会社に事業を継承させる方法です。事業を分割する側の会社を分割会社、事業を継承する会社を承継会社と呼びます。

　なお、株式を対価とするのが一般的ですが、会社分割を利用した会社清算などを行いやすいように株式の代わりに金銭を支払うこともできます。

　会社分割の対象は事業に関して有する権利義務の全部または一部です。会社分割を行うためには、吸収分割の場合は会社分割契約書、新設分割の場合は会社分割計画書を作成する必要があります。必ず記載しなければならない事項が会社法で決められており、吸収分割を行う場合の吸収分割契約書の法定記載事項には、分割会社と承継会社の商号や住所などがあります。法定記載事項に漏れがあれば会社分割は法的に無効となります。

## ■ 吸収分割の登記手続きの特徴

　吸収分割では、分割会社についての変更登記と承継会社の変更登記をセットにして申請（同時申請）する点が特徴です。申請書の提出先は、承継会社の本店所在地を管轄する登記所です。

　分割会社の本店と、承継会社の本店の管轄登記所が異なる場合にも、これら2つの登記は同時に申請する必要があり、分割

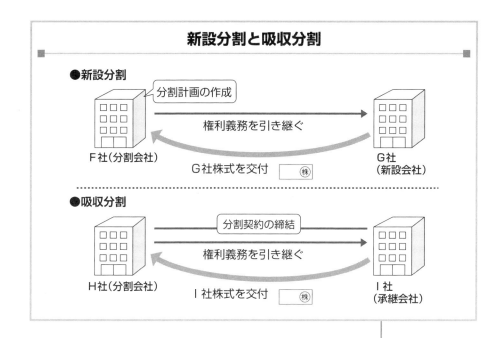

## 新設分割と吸収分割

### ●新設分割

分割計画の作成

権利義務を引き継ぐ

F社（分割会社）

G社株式を交付 〔㈱〕

G社
（新設会社）

### ●吸収分割

分割契約の締結

権利義務を引き継ぐ

H社（分割会社）

I社株式を交付 〔㈱〕

I社
（承継会社）

---

会社についての変更登記は、承継会社の本店所在地を管轄する
登記所を経由して申請されることになります（経由申請）。経
由申請の場合に、登記所が行う事務処理は、吸収合併の場合と
ほとんど同じです。

### ■ 吸収分割の登記手続き（承継会社）について

　吸収分割を行った場合、承継会社については変更登記を申請
します。登記の事由には、「吸収分割による変更」と記載しま
す。登記すべき事項は、吸収分割をした旨と分割会社の商号、
本店、変更年月日を記載します。

　また、会社分割に伴って、新株発行を行い発行済み株式総数
や資本金の額が増加した場合には、それに関連した変更事項を
記載します。さらに、商号の変更や、役員の選任などを行った
場合には、これらも登記すべき事項となります。課税標準金額
は、会社分割によって増加した資本金の額を記載します。

**新設分割の登記**

新設分割の場合は、分割会社についての変更登記と新設会社の設立登記をセットにして申請（同時申請）する点が特徴。申請書の提出先は、新設会社の本店所在地を管轄する登記所となる。

**新設分割（設立会社）の場合**

新設分割（設立会社）の場合、登記の事由は、「○年○月○日新設分割による設立手続終了」となる。

申請の際には、以下の添付書類を提出します。

① **吸収分割契約書**

会社法で法定された事項の記載に漏れがないようにします。

② **承継会社、分割会社それぞれの株主総会議事録**

分割会社と承継会社の双方の株主総会の特別決議によって分割が承認されたことを示す株主総会議事録を添付します。略式分割や簡易分割の場合には、株主総会議事録に代えて、それぞれの要件を満たすことを証する書面や取締役会議事録を添付することになります。株主総会議事録を添付する場合は、あわせて株主リストの添付も必要になります。

③ **承継会社、分割会社それぞれについて債権者保護手続きを行ったことを証する書面**

承継会社については、常に債権者保護手続きが必要です。分割会社については、分割に異議を述べることができる債権者が存在しない場合には債権者保護手続きを省略できます。したがって、この場合には、債権者保護手続きを行ったことを証する書面は添付不要です。

④ **資本金の額が会社法第445条第5項の規定に従って計上されたことを証する書面**

吸収分割にあたり、資本金の額が増加する場合に添付します。

⑤ **分割会社の登記事項証明書（作成後3か月以内のもの）**

承継会社の本店所在地を管轄する登記所と分割会社の本店所在地を管轄する登記所が異なる場合に添付します。

⑥ **新株予約権提供公告をしたことを証する書面**

分割会社が新株予約権を発行している場合で、分割会社の新株予約権の代わりに承継会社の新株予約権を交付するときに必要です。

⑦ **委任状**

司法書士などの代理人によって登記を申請する場合に添付します。

## 会社分割の手続き

| 新 設 分 割 | 吸 収 分 割 |
|:---:|:---:|
| ⬇ | ⬇ |
| 分割計画書の作成 | 分割契約書の作成 |
| ⬇ | ⬇ |
| 株主総会の承認<br>（簡易新設分割の場合<br>この承認は不要） | 株主総会の承認<br>（簡易吸収分割の場合<br>この承認は不要） |

（株 主 保 護）　分割に反対の株主の株式買取請求

（債務者保護）　分割に異議のある債権者に対する弁済

（分割の効果）　債権債務の承継　＋　株式の発行等

■ 吸収分割の登記手続き（分割会社）について

　吸収分割を行った場合、分割会社については変更登記を申請します。登記の事由は、「吸収分割による変更」と記載します。

　登記すべき事項は、分割した旨、承継会社の商号、本店、変更年月日を記載します。

　申請の際には、以下の添付書類を提出します。

① 印鑑証明書（作成後3か月以内のもの）

　承継会社の本店所在地を管轄する登記所と分割会社の本店所在地を管轄する登記所が異なるときに添付します。分割会社の本店所在地を管轄する登記所で作成された代表取締役（委員会設置会社では代表執行役）の印鑑証明書です。

② 委任状

　司法書士などの代理人によって登記を申請する場合に添付します。

**新設分割（分割会社）の場合**

新設分割（分割会社）の場合の登記の事由は、「新設分割による変更」となる。

**分割会社側の登録免許税**

登録免許税は、1件について3万円。

# 株式交付

**株式交付親会社／株式交付子会社**

株式交付をする会社を株式交付親会社といい、株式交付親会社が株式交付に際して譲り受ける株式を発行する会社を株式交付子会社という。

**反対株主の株式買取請求権**

本文記載のように、株式交付に反対する株式交付親会社の株主は、株式交付親会社に対して、自己が保有する株式を公正な価格で買い取るように請求することができる。

## ■ 株式交付とは

　株式交付とは、株式会社が他の会社を子会社にする際に、子会社になる会社の株式を譲り受ける対価として、自社の株式を交付することです。すでに子会社である会社の株式を追加で取得したい場合には利用できません。株式交付親会社は、株式交付を行う際には、次ページ図の株式交付計画を作成しなければなりません。

　株式交付は、大まかに以下の流れに従って行われます。まず、株式交付親会社は、株式交付子会社の株式の譲り渡しを希望する者に対して、株式交付親会社の商号や株式交付計画の内容などを通知します。これに対して、株式交付子会社の株式を、株式交付親会社に対して譲り渡すことを希望する者は、その名称・住所、譲り渡しを希望する株式の数などを記載した書面を、株式交付親会社に対して交付しなければなりません。これを受けて、株式交付親会社は、実際に株式交付子会社の株式を譲り受ける者を選定して、自社の株式を交付する数を決定します。

　そして、株式交付計画で定めた効力発生日に、株式交付親会社は、株式交付子会社の株式を譲り受けることになります。また、株式交付子会社の株主のうち、株式交付親会社に対して、株式交付子会社の株式を譲り渡した者は、株式交付親会社の株式が割り当てられることから、株式交付親会社の株主になることになります。

## ■ 株式交付親会社における手続きと株式交付無効の訴え

　株式交付親会社は、株式交付の効力が発生する前日までに、

## 株式交付計画の内容

| | 株式交付計画の記載事項 |
|---|---|
| ① | 株式交付子会社の商号・住所 |
| ② | 株式交付親会社が譲り受ける株式の数 |
| ③ | 株式交付親会社が交付する株式の数や割当てに関する事項 |
| ④ | 株式交付親会社が株式交付にあたり金銭などを交付する際に必要な事項 |
| ⑤ | 株式交付親会社が株式交付子会社の株式の他に、株式交付子会社の新株予約権や新株予約権付社債を譲り受ける際に、その内容・算定方法など |
| ⑥ | 株式交付子会社の株式などの譲り渡しの申込期日 |
| ⑦ | 株式交付の効力発生日 |

株式交付計画について株主総会の承認を得なければなりません。また、株式交付計画を定めて、一定の時期から、実際に株式交付の効力が発生した後6か月間は、株式交付計画の内容などを記載した書面、あるいは、ＰＣ上のデータなどを本店に備え置かなければなりません（事前開示および事後開示）。株式交付が法令などに違反するために、株主に不利益が生じるおそれがある場合には、株式交付親会社の株主は、株式交付親会社に対して、株式交付を止めるように請求することができます。実際に株式交付が行われる際に、株式交付に反対する株主は、株式交付親会社に対して、株式買取請求を行うことが可能です。

株式交付後に、株式交付の効力を覆すには、株式交付の無効の訴えによらなければなりません。株式交付の無効の訴えは、株式交付の効力が生じた日から6か月以内に、株式交付親会社を被告として、訴えを提起しなければなりません。株式交付の無効の訴えは、株式交付の効力が生じた日に、株式交付親会社の株主あるいは、株式交付親会社に対して株式交付子会社の株式を譲り渡した者など、一定の者に限り提起できます。

# 解散・清算の手続きと登記

会社が解散しても直ちに法人格が消滅するわけではない

## ■ どのようなものなのか

　解散は、会社の法人格を消滅させるきっかけです。あくまで「きっかけ」なので、解散すれば直ちに会社が消滅するわけではありません。会社を消滅させるには、解散後に清算という手続きを経る必要があります。清算は、債権債務の後始末や、残余財産の株主への分配などを行う手続きです。会社法には、会社が解散する原因として以下の事由が規定されています。

① **定款で定めた存続期間が満了すること**

　会社は、定款で会社の存続期間を定めることができます。

② **定款で定めた解散事由（解散の原因）の発生**

　たとえば、「○○建物についての建設工事およびそれに関わる諸手続きが終了した場合には当社は解散する」と定款に定める場合です。ある一定の事柄が生じた場合には、会社は解散すると定款に規定されている場合、その事柄が生じると会社は解散します。

③ **株主総会で解散を決議した場合**

　株主総会で解散を決議する場合は、特別決議（原則として議決権を行使することができる株主の議決権の過半数を有する株主が出席し、出席した株主の議決権の3分の2以上の株主が同意した場合に成立する決議）による議決が必要です。

④ **合併による消滅**

　合併は、消滅した会社の権利義務を承継会社がそっくりそのまま（包括的に）引き継ぐ点が特徴です。

⑤ **破産手続開始の決定**

**解散と総会の
開催時期**

株主総会決議で解散する場合に、注意すべきことは、株主総会の開催時期である。解散の効力は、解散決議が成立した時点で発生し、それ以降は会社の営業活動は一切禁止される。したがって株主総会の開催日は慎重に決める必要がある。

**会社継続の要件**

清算決了前であれば、株主総会の特別決議により、会社を継続させることができる。ただし、継続が認められるのは①定款で定めた存続期間の満了、②定款で定めた解散事由の発生、③株主総会の決議、④休眠会社のみなし解散により解散した場合に限られる。

**会社継続の登記**

会社を継続したときは、2週間以内に本店所在地を管轄する登記所に、継続登記を申請しなければならない。なお、解散登記および清算人の就任登記が未了の場合は、これらを登記した上で、継続登記の申請をする必要がある。

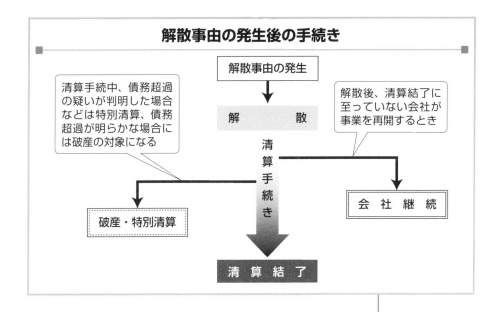

## 解散事由の発生後の手続き

解散事由の発生

↓

解 散

清算手続き

清算結了

清算手続中、債務超過の疑いが判明した場合などは特別清算、債務超過が明らかな場合には破産の対象になる

破産・特別清算

解散後、清算結了に至っていない会社が事業を再開するとき

会 社 継 続

---

会社について破産手続開始の決定がなされた場合には、裁判所が破産登記の手続きをするので、解散登記を申請する必要かありません。

⑥ **解散を命じる裁判があった場合**

解散を命じる裁判は、公益上の理由から会社の存続を認めがたい場合に、裁判所の判断で会社を解散させる制度です。

⑦ **休眠会社のみなし解散の制度**

会社法には、清算手続き（特別清算を含む）以外にも、会社を消滅させる手続きとして、休眠会社の「みなし解散」の制度があります。みなし解散は、会社に関する最後の登記があってから12年間経過した会社を「休眠会社」として強制的に解散させてしまう制度です。

休眠会社の整理によって解散したとみなされた場合は、登記官が職権で解散登記を行います。なお、みなし解散から３年以内であれば、株主総会の特別決議によって会社の営業を再開（継続）できます。

**休眠会社**

株式会社のうち、会社に関する登記が12年間なされていない会社のこと（会社法472条）。休眠会社は、一定の手続きを経て解散したとみなされる。実体のない会社の登記を放置しておくと、現実に会社として活動しているかのように見えてしまい登記の信頼性が損なわれる。そこで、一定期間、登記を変更していない会社を休眠会社とみなして、その登記を職権で抹消する扱いにしている。

## ■ 清算はどのような流れで進むのか

株主総会の決議により株式会社を解散・清算する場合、株主総会での解散決議の際に清算人の選任も併せて行う場合が多いようです。清算人は、解散および清算人就任の登記の申請を行いあわせて債権者に対して2か月以上の期間を定めて公告を行います。

また、これらの手続きと並行して、清算人は、解散日現在の財産目録と貸借対照表を作成し、その内容について株主総会の承認を得ます。さらに、清算人は、現在の業務の終了、財産の換価、債権の回収などを進めていきます。

債権者に対する公告期間経過後、債権者に債務を弁済します。そして、債務の弁済後に、残った財産があれば、株主に分配します。残余財産の分配が終わり、清算事務が終了したときは、清算人は決算報告を作成して、株主総会の承認を得ます。決算報告が株主総会で承認されると清算手続きは終了し、会社（法人格）は消滅します。

清算人は、株主総会で決算報告が承認された時から、2週間以内に、清算結了の登記を申請しなければなりません。

清算人は、清算結了の登記から10年間、清算した会社の帳簿と、事業・清算に関する重要な資料（帳簿資料）を保存する義務を負います。

## ■ どのような手続きを行うのか

株式会社が定款で定めた存続期間の満了、解散事由の発生、株主総会決議による解散の場合、解散登記と清算人の登記を申請します。登記申請の期限は、株主総会決議による解散の場合、決議後2週間以内です。株主総会決議による解散では、同じ総会で清算人を選任することが多いようです。また、解散の登記と清算人の登記は、申請の際の添付書類も重複しています。そのため、この2つの登記は一度にまとめて申請するのが一般的

**清算株式会社**

清算をする株式会社のこと。

**清算株式会社の機関**

会計参与や会計監査人は清算株式会社に設置することはできない。

**登記申請書の記載例**

解散および清算人・代表清算人の選任についての登記申請書の記載例については巻末253ページ参照。
登記すべき事項の入力例については巻末254ページ参照。
清算結了登記の申請書の記載例については巻末255ページ参照。

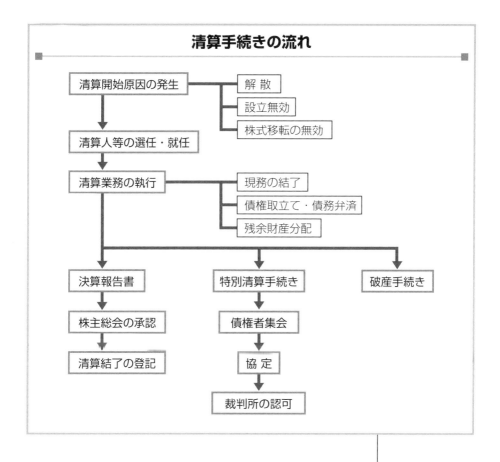

## 清算手続きの流れ

清算開始原因の発生 ─┬─ 解 散
　　　│　　　　　　　├─ 設立無効
　　　↓　　　　　　　└─ 株式移転の無効
清算人等の選任・就任
　　　↓
清算業務の執行 ─┬─ 現務の結了
　　　　　　　　├─ 債権取立て・債務弁済
　　　　　　　　└─ 残余財産分配

| 決算報告書 | 特別清算手続き | 破産手続き |
|---|---|---|
| ↓ | ↓ | |
| 株主総会の承認 | 債権者集会 | |
| ↓ | ↓ | |
| 清算結了の登記 | 協　定 | |
| | ↓ | |
| | 裁判所の認可 | |

です。

　この2つの登記の申請者は、会社を代表すべき清算人です。代表清算人がいれば、その者が申請します。代表清算人がいない会社では、各清算人が申請できますが、申請する清算人は、法務局に代表印の印鑑届をする必要があります。登録免許税は、解散登記が3万円、清算人の登記が9000円です。一方、清算結了登記については、決算報告書を合綴した株主総会議事録、株主リスト、委任状（代理人が申請する場合のみ）を添付します。登録免許税は2000円です。

**特別清算**

裁判所の監督の下に進められる株式会社の清算手続きのこと（会社法510条以下）。株式会社が解散を決議し、清算に入った後、債務超過のおそれがあるときには、債権者、清算人等が申し立てることで特別清算手続きに移行する。特別清算では、担保権の実行、相殺、債務の弁済などが制限され、裁判所が監督委員を選任し、公平な清算となるよう指導していくことになる。

| 区分 | 登記の事由 | 登録免許税 |
|---|---|---|
| イ | 株式会社の設立 | 資本金の額の 1000 分の 7 [注1] |
| ニ | 株式会社の資本金の増加 | 増加した資本金の額 の 1000 分の 7 [注2] |
| ツ | 商号の変更 | 1 件につき 3 万円 |
| ツ | 目的の変更 | 1 件につき 3 万円 |
| ツ | 商号と目的の変更 | 1 件につき 3 万円 |
| ツ | 公告方法の変更 | 1 件につき 3 万円 |
| ツ | 株式譲渡制限の設定 | 1 件につき 3 万円 |
| ツ | 株式譲渡制限の廃止 | 1 件につき 3 万円 |
| ヲ | 本店移転の登記 | 1 か所につき 3 万円 |
| ワ | 取締役会、監査役会、監査等委員会若しくは指名委員会等に関する事項の変更 | 1 件につき 3 万円 |
| カ | 取締役、代表取締役若しくは監査役に関する事項の変更の登記（役員の氏名または住所を変更する場合を含む）[注3] | 1 件につき 3 万円（資本金の額が 1 億円以下の会社は 1 万円） |
| ツ | 役員の会社に対する責任の免除 | 1 件につき 3 万円 |

（注1）ただし、計算した税額が 15 万円に満たないときは 15 万円となる。
（注2）ただし、計算した税額が 3 万円に満たないときは 3 万円となる。
（注3）特別取締役、会計参与、会計監査人、指名委員会等の委員、執行役、代表執行役、社員（持分会社の社員のこと）に関する事項の変更についても同様。

※「区分」とは、登録免許税法別表第 1 第 24 号の区分をいう。
※登記の事由が複数でも、区分が同じ場合は、その区分に応じた登録免許税を納付すればよい（合算の必要はない）。区分が異なる場合は、それぞれの区分に応じた登録免許税を合算した額を納付する。

【例1】商号変更と目的変更と公告方法の変更を一度に行った場合
区分がすべて「ツ」なので、登録免許税は 3 万円となる。
←ツ＋ツ＋ツ＝ 9 万円ではない。

【例2】商号変更と取締役の変更を一度に行った場合
3 万円（ツ）＋ 3 万円（または 1 万円）（カ）＝ 6 万円（または 4 万円）となる。
←区分が異なるので合算する必要がある。

# PART 8

# 持分会社の登記
# 手続き

# 持分会社

社員自身が経営に関与することが想定されている

## ■ 社員の責任はどうなっているのか

　持分会社とは、会社内部の設計を自由に行うことができ、出資者である社員が原則として業務執行権・代表権をもつことを特徴とする会社です。持分会社は、社員の責任の違いに応じて、合名会社、合資会社、合同会社に分けられます。

　合名会社とは、社員全員が会社債務について無限責任を負う社員だけで構成される会社をいいます。これに対し合資会社とは、無限責任社員と会社債務につき出資の限度で責任を負う有限責任社員で構成される会社をいいます。

　持分会社の社員の責任は、無限責任と有限責任に分けられます。無限責任とは、社員が会社債権者に対して、直接に、債権額全額の責任を負うことを意味します。有限責任とは、社員が会社に対する出資額を限度として責任を負うことを意味します。

　なお、持分会社の社員の地位は、「持分」という割合で表わされます。社員1人が1つの議決権をもちます。

## ■ 合同会社は有限責任社員だけで構成されている

　対外的には、株式会社などと同様に社員が有限責任のみを負い、対内的には、民法上の組合と同様に出資者である社員自らが会社の業務の執行にあたります。

　合同会社では社員の個人的信用が重視されますから、原則として各社員が業務執行権をもちます（所有と経営の一致）。

　合同会社の業務執行は、社員の過半数で決定します。ただし、通常の業務は各社員が単独で行います。もっとも、定款で、社

**組合**
数人が財産や労務を出資して、共同の事業を営むことを約束する契約のこと。

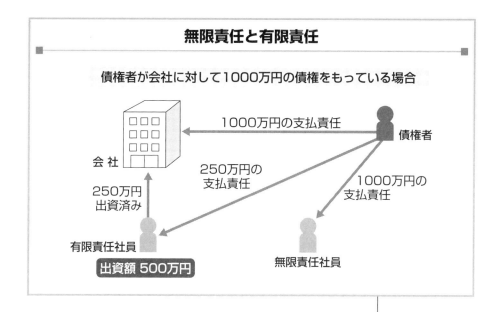

## 無限責任と有限責任

### 債権者が会社に対して1000万円の債権をもっている場合

1000万円の支払責任

会社

債権者

250万円の
支払責任

250万円
出資済み

1000万円の
支払責任

有限責任社員

**出資額** 500万円

無限責任社員

員の一部だけを業務執行社員とすることができます。

### ■ 業務執行社員にはどんな責任があるのか

業務執行社員は、合同会社に対して善管注意義務と忠実義務を負います。合同会社の社員は、業務執行社員の合同会社に対する責任を追及する訴えを提起することができます。また、合同会社の業務執行社員の第三者に対する責任については、株式会社の取締役の第三者に対する責任の規定と同様の規定が設けられています。

### ■ 社員は退社できる

合同会社の社員は、やむを得ない事情があるときは、退社して、持分の払戻しを受けることができます。もっとも、持分の払戻しに際して払い戻す金銭などの額が剰余金の額を超える場合には、業務執行社員の決定により、債権者保護手続きを経て、払戻しを行わなければなりません。

**合名・合資会社の
社員の最低人数**

会社法では、1人会社を認め、社員が1人の場合でも、合名会社は存続できると規定している。
なお、合資会社の場合は無限責任社員と有限責任社員が存在することが必要なので、最低でも2人の社員が必要になる。

# 合同会社の設立と登記

社員全員が有限責任社員である

## ■ 合同会社の特色とは

　合同会社は、社員全員が有限責任社員である持分会社です。社員は1人でもよく、法人も社員となることができます。

　合同会社の設立手続きは、合名会社や合資会社と似ていますが、違いもあります。合同会社の場合、他の持分会社では登記事項となっていない「資本金の額」が登記事項であり、社員は定款作成後、設立の登記までに、出資の目的が金銭であればそれを払い込み、他の財産であればその全部の給付を終えていなければなりません。

　なお、資本金の額は、社員が実際に払い込んだり給付したりした額を限度として、自由に決めることができます。つまり、登記された資本金の額が、現実に払い込みまたは給付された金銭や財産の合計額を下回っていてもかまわないのです。

　また、合名会社と合資会社では、社員全員の氏名（名称）と住所を登記しなければなりませんが、合同会社では、業務執行社員ではない社員がいる場合、その者については氏名（名称）も住所も登記されません。なお、業務執行社員については氏名または名称のみが登記され、代表社員については氏名または名称と住所が登記されます。

## ■ 定款の記載事項について

　合同会社を設立するには、まず定款を作成しなければなりません。定款の絶対的記載事項は次のとおりです。

① 目的

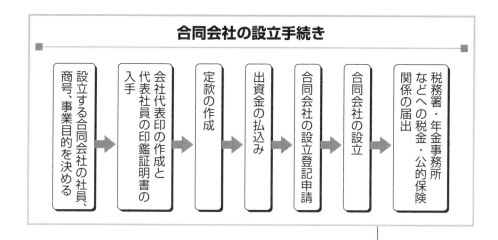

## 合同会社の設立手続き

設立する合同会社の社員、商号、事業目的を決める → 会社代表印の作成と代表社員の印鑑証明書の入手 → 定款の作成 → 出資金の払込み → 合同会社の設立登記申請 → 合同会社の設立 → 税務署・年金事務所などへの税金・公的保険関係の届出

会社の事業目的を記載します。目的は営利性、明確性をもったものでなければなりません。

② **商号**

会社の名称のことです。商号の中には必ず「合同会社」という文字を用いなければなりません。

③ **本店の所在場所**

本社所在地のことです。定款に記載する本店の所在場所は、最小行政区画（市区町村）まででかまいません。

④ **社員の氏名または名称および住所**

社員全員の氏名（名称）と住所を記載します。社員が法人の場合は、商号（会社名）と本店所在地などを記載します。

⑤ **社員の全部を有限責任社員とする旨**

合同会社では、社員全員が有限責任社員でなければなりませんので、その旨を記載します。

⑥ **社員の出資の目的およびその価額または評価の標準**

前述したように、出資の目的は金銭その他の財産でなければなりません。

その他、業務執行社員の定め、代表社員の定めなど相対的記載事項があれば、それを記載します。

**定款の認証**

合同会社の設立にあたっては、合名会社、合資会社と同様、定款に公証人の認証を受ける必要はない。

**債権者保護の規制**

合同会社では社員全員が有限責任社員であることから、債権者保護のため、配当規制や債権者保護手続きについて、株式会社とほぼ同様の規制がされている。また、合名会社、合資会社とは異なり、社員は労務や信用を出資の目的とすることはできず、金銭その他の財産しか出資の目的とすることができないことになっている。

## ■ 登記すべき事項をおさえておく

合同会社の設立登記の際には以下の事項を登記します。

①商号、②本店および支店の所在場所、③目的、④資本金の額、⑤業務執行社員の氏名または名称、⑥代表社員の氏名または名称および住所、⑦代表社員が法人であるときは、職務を行うべき者の氏名および住所、⑧存続期間または解散の事由を定めたときはその規定、⑨公告方法について定款の定めがあるときはその規定、⑩定款で公告方法について定めがないときは、官報に掲載する方法を公告方法とする旨、⑪定款で電子公告を公告方法とする旨を定めたときは、ウェブページのアドレスおよび万一事故などやむをえない事情によって電子公告による公告をすることができないときは、官報または時事に関する事項を掲載する日刊新聞紙に掲載する方法で公告をする旨

## ■ 法務局に提出する書類について

合同会社の設立登記申請で、登記申請書、登記すべき事項を記録した磁気ディスクの他に提出する書類は以下のとおりです。

なお、合同会社の設立登記の登録免許税額は、資本金の額の1000分の7（6万円に満たないときは6万円）です。

・定款

設立する合同会社の定款です。

・互選を証する書面

業務執行社員の互選により代表社員を定めたときは、このことを証する書面を添付します。

・就任承諾書

上記の場合の代表社員の就任承諾書です。

## 合同会社の設立にあたって準備する書類

① 定款
② 合同会社設立登記申請書
③ 代表社員の就任承諾書
④ 法人の印鑑証明書と登記事項証明書、職務執行者の選任に関する書面（代表社員が法人である場合）、職務執行者が就任を承諾したことを証する書面
⑤ 設立後に登録印として使用する印鑑の印鑑届書
⑥ CD-R などの磁気ディスク
⑦ 出資金払込証明書
⑧ 設立登記を司法書士などに依頼する場合は委任状

・登記事項証明書
　代表社員や業務執行社員が法人であるときに必要です。
・代表社員の職務を行うべき者の選任を証する書面
　代表社員が法人である場合に必要です。たとえば取締役会議事録です。
・職務を行うべき者の就任承諾書
　代表社員が法人である場合の職務を行うべき者の就任承諾書です。
・出資に関する払込みおよび給付があったことを証する書面
　出資が実際に行われていることが必要です。
・設立時の資本金の額について、業務執行社員の過半数の一致があったことを証する書面
　資本金の額について業務執行社員の過半数の一致が必要です。
・資本金の額が会社法および会社計算規則の規定に従って計上されたことを証する書面
　資本金の額が適法に計上されていることを証する書面の添付が必要です。

**登記事項証明書**

登記簿に記録されている事項を証明した書面のこと。現在事項証明書、履歴事項証明書、閉鎖事項証明書、代表者事項証明書がある。他の登記所の登記官に対して交付の請求をすることもできる。

**登記事項証明書の添付が不要な場合**

代表社員や業務執行社員が法人である場合には登記事項証明書が添付書面となるが、設立する合同会社の法務局の管轄区域内に当該法人の本店や事務所がある場合には添付を要しない。

# 持分会社から株式会社への組織変更

・・・・・・・・・・・・・・・・・・・・・・・・・・・・・・・・・・・・・・・・・・・・・・・・・・・・・・・・・・・

**総社員の同意を得る必要がある**

## ■ 組織変更とは

　組織変更とは、たとえば株式会社がその組織を変更して、別の種類の会社である合名会社になることです。

　株式会社から合名会社などの持分会社への組織変更、持分会社から株式会社への組織変更をすることができます。

　また、合名会社、合資会社、合同会社の持分会社間での変更（たとえば合名会社から合同会社への変更）も広い意味での組織変更といえます（ただし、持分会社間の組織変更は、「持分会社の種類の変更」と呼ばれます）。

　ここではまず、持分会社から株式会社への組織変更手続きを見ていくことにしましょう。具体的には、合名会社から株式会社への組織変更の登記手続きについて説明します。

## ■ 株式会社への組織変更の手順について

　合名会社が株式会社に組織変更するには、組織変更計画を作成し、これについて総社員の同意を得なければなりません。ただし、定款に別段の定めがある場合はこの限りではありません。

　組織変更計画には図（次ページ）のような事項を定めることが必要です。

　総社員の同意は、効力発生日までに得られていなければなりません。効力発生日に、組織変更をする合名会社の社員は、株主となります。

　組織変更計画作成後、債権者保護手続きを行います。具体的には、組織変更をする旨と一定の期間（１か月以上の期間が必

**持分会社の種類
の変更登記**

合名会社から合資会社
に変更する場合のよう
に、持分会社間で種類
の変更をした場合に行
う登記。持分会社は、
定款を変更することに
よって異なる種類の持
分会社となることがで
きる。定款の変更の効
力が生じた日から２週
間以内に、変更前の持
分会社については解散
の登記、変更後の持分
会社については設立の
登記を申請する。

## 組織変更計画の内容

①組織変更後の株式会社（以下「組織変更後株式会社」とする）の目的、商号、本店の所在地および発行可能株式総数

②組織変更後株式会社の定款で定める事項（上記①以外の事項）

③組織変更後株式会社の取締役の氏名

④組織変更後株式会社が会計参与設置会社である場合は、組織変更後株式会社の会計参与の氏名または名称

⑤組織変更後株式会社が監査役設置会社である場合は、組織変更後株式会社の監査役の氏名または名称

⑥組織変更後株式会社が会計監査人設置会社である場合は、組織変更後株式会社の会計監査人の氏名または名称

⑦組織変更をする合名会社の社員が組織変更に際して取得する組織変更後株式会社の株式の数またはその数の算定方法など

⑧上記⑦の株式の割当てに関する事項

⑨組織変更後株式会社が組織変更をする合名会社の社員に対してその持分に代わる金銭など（組織変更後株式会社の株式を除く）を交付するときは、たとえばそれが社債であれば社債の種類および種類ごとの各社債の金額の合計額またはその算定方法、それが新株予約権であれば新株予約権の内容および数またはその算定方法、など

⑩組織変更をする合名会社の社員に対する金銭などの割当てに関する事項

⑪効力発生日（組織変更の効力が発生する日）

要です）内に異議を述べることができる旨を官報に公告し、かつ、知れている債権者（会社で把握している債権者）に個別に催告しなければなりません。ただし、定款で公告方法を時事に関する事項を掲載する日刊新聞に掲載してする旨、または電子公告でする旨を定めている場合は、官報での公告に加えて、定款で定めた方法によって公告することによって、個別の催告を省略することができます。

**電子公告**

会社がインターネットを利用して公告をする制度。不特定多数の者が見ることのできる会社のホームページで公告すべき情報を提供する。電子公告を会社の公告方法と定めたときは、ホームページのアドレスを登記しなければならない。

# 株式会社への具体的な変更手続き

組織変更による登記事項は通常の設立登記とほぼ同じ

## ■ 組織変更の登記事項

合名会社の組織変更による株式会社設立登記の登記すべき事項は、通常の株式会社の設立登記の場合とほぼ同様ですが、それらに加えて、会社の成立年月日、組織変更前の合名会社の商号、組織変更をした旨とその年月日も登記事項になります。組織変更による合名会社の解散の登記の登記すべき事項は、解散の旨とその事由と年月日であり、たとえば「令和○年○○月○○日○県○市○町○番○号○○○○株式会社に組織変更したことにより解散」と記載します。

合名会社の組織変更による株式会社設立登記の申請に必要な書類は、たとえば次のとおりです。

**代表取締役の選任に関する書面**

代表取締役を置く場合に必要な書面である。組織変更後の株式会社が取締役会設置会社である場合は取締役会議事録、取締役会非設置会社である場合は、株主総会議事録または定款が該当する。

**債権者保護手続きを証する書面の内容**

・公告および催告をしたことを証する書面
・異議を述べた債権者がいるときは、その債権者に対し弁済もしくは担保を提供し、もしくはその債権者に弁済するために財産を信託したこと、または組織変更をしてもその債権者を害するおそれがないことを証する書面

① 申請書

② 登記すべき事項を記録した磁気ディスク

③ 組織変更計画書

④ 定款

⑤ 総社員の同意があったことを証する書面

⑥ 代表取締役の選定に関する書面

⑦ 取締役、監査役、代表取締役の就任承諾書

⑧ 役員等の本人確認証明書（住民票の写しなど）

⑨ 債権者保護手続きを証する書面

⑩ 資本金の額が会社法および会社計算規則の規定に従って計上されたことを証する書面

⑪ 登録免許税法施行規則第12条第4項の規定に関する証

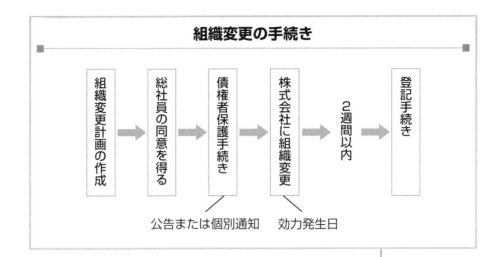

## 組織変更の手続き

組織変更計画の作成 → 総社員の同意を得る → 債権者保護手続き → 株式会社に組織変更 → 2週間以内 → 登記手続き

公告または個別通知　　効力発生日

　明書
⑫　委任状（司法書士などの代理人に登記申請を委任する
　場合）

　その他、組織変更後の株式会社に会計参与または会計監査人
を置いたときは会計参与または会計監査人の資格を証する書面
と会計参与または会計監査人の就任承諾書と本人確認証明書が
必要になります。

　組織変更による合名会社の解散の登記に必要な書類は、申請
書と委任状（司法書士などの代理人に登記申請を委任する場
合）のみであり、添付書類は不要です。

　合名会社を株式会社に組織変更する場合、株式会社の設立登
記を本店所在地に申請する場合の登録免許税額は、資本金の額
の1000分の1.5（組織変更直前の資本金額を超える額について
は、超過額の1000分の7）の金額（3万円に満たないときは3
万円）となります。

　一方、合名会社の解散の登記の登録免許税は、本店所在地で
は3万円です。

**株式名簿管理人を選任する場合**

組織変更による株式会社設立にあたり、株式名簿管理人を置く場合には、株式名簿管理人の設置に関する取締役会議事録または取締役会議事録の過半数の一致を証する書面および株式名簿管理人との契約書が必要になる。

# 特例有限会社から株式会社への移行手続き

設立と解散の登記を同時に申請する

## ■ 特例有限会社から通常の株式会社に移行するには

　会社法が施行され、有限会社が株式会社に一本化されたといっても、解散をする必要はなく、通常の株式会社に組織変更をすることも任意です。

　特例有限会社が通常の株式会社に移行するには、①定款変更、②特例有限会社解散の登記と株式会社設立の登記が必要です。

　まず、商号を変更する定款変更を行います。特例有限会社は、法律上すでに株式会社として扱われていますから、定款変更の決議は「株主総会」（特別決議）で行います。もっとも、この特別決議は、総株主の半数以上であって、当該株主の議決権の4分の3以上の多数が賛成する必要があり、通常の株式会社における特別決議の要件とは異なることに注意が必要です。そして、株式会社に商号を変更するための定款変更が終わった後、法律で定められた期間内に、特例有限会社の解散登記と株式会社の設立登記を申請します。

## ■ 移行の登記手続きと添付書類

　特例有限会社から通常の株式会社に移行すること自体は、商号の変更と登記（特例有限会社解散の登記と株式会社設立の登記）だけで行うことができます。ただし、移行後の株式会社の機関構成によっては、改めて定款変更が必要になる場合もありますので、移行手続きに際しては、①公開会社にするのか非公開会社にするのか（株式に譲渡制限を設けるか否か）、②機関構成をどうするかなど、あらかじめ検討しておく必要があります。

**特例有限会社に対する特則**

特例有限会社は会社法上、株式会社とみなされるが、商号中に「有限会社」という文字を使用しなければならず、さらに、法定機関として、株主総会と取締役以外は監査役のみが設置でき、取締役会、監査役会、会計監査人、会計参与、委員会および執行役を設置することはできないなどの特則が規定されている。

**取締役・監査役に関する登記**

設立登記においては、登記官は職権ですべての取締役、監査役についてその就任年月日を記録する。
ただし、特例有限会社では制限がなかった取締役、監査役の任期は、移行に伴い、通常の株式会社の取締役、監査役の任期が適用されることになることから、商号変更時にすでに任期が満了している可能性がある。この場合、退任登記の申請は不要だが、退任を証する書面を添付する必要がある。

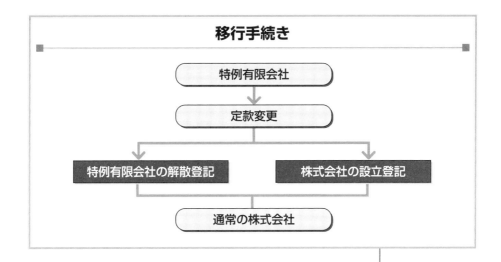

**移行手続き**

特例有限会社 → 定款変更 → 特例有限会社の解散登記 / 株式会社の設立登記 → 通常の株式会社

特例有限会社を通常の株式会社に移行する際の株式会社の設立登記の登記すべき事項は、①商号、②本店および支店の所在場所、③目的、④資本金の額、⑤発行可能株式総数、⑥発行済株式の総数並びにその種類および数、⑦取締役の氏名、⑧代表取締役の氏名および住所、⑨公告方法です。この他、会社成立の年月日、特例有限会社の商号、商号を変更した旨とその年月日も登録事項になります。

移行のための株式会社設立登記申請に必要な書類は、①登記申請書、②登記すべき事項を記録した磁気ディスク、③変更後の株式会社の定款（公証人の認証は不要）、④株主総会議事録、⑤株主リスト、⑥委任状（代理人に頼む場合）です。商号変更と同時に新たに役員を選任した場合は、就任承諾書および印鑑証明書または本人確認証明書を添付する必要があります。

特例有限会社についての、解散の登記はいたってシンプルです。登記すべき事項は、解散の旨とその事由および年月日であり、添付書面は一切不要です。株式会社の設立登記と、特例有限会社の解散登記は同時に申請する必要があり、商号変更後の株式会社の代表取締役が申請人になります。

**特例有限会社の解散・株式会社設立の登記と登録免許税**

特例有限会社の解散の登記と株式会社設立の登記は同時に申請し、登録免許税は、解散登記分として3万円、設立登記分として資本金の1000分の1.5（商号変更直前の資本金の額を超える部分についてはその1000分の7）の金額（3万円に満たない場合には3万円）である。

# NPO法人

公益のために活動することが期待されている

**NPO法人の特徴**

株式会社などの営利企業の場合には、自社の利益を上げることを目的として活動するが、NPO法人の活動は、利益を上げることをおもな目的として活動することはできない。ただし、おもな活動目的としていない場合には、収益を目的とする事業を行うこと自体が認められている。この場合、事業で得た収益は、様々な社会貢献活動に充てることになる。

**法人格**

個人以外の者で権利義務の主体となることのできる者。

**設立費用や資本金がかからない**

NPO法人は、株式会社などと異なって、資本金なしに設立することができる。設立する際の登記の手数料もかからない。所轄庁（都道府県知事または政令指定都市の長）に対して認証申請をする必要があるが、その申請手数料もかからない。

## ■ 公益性が重視される組織である

NPOは英語でNonProfit Organizationと言い、NPOと呼ばれています。NPO法人は、日本語では特定非営利活動法人といいますが、その活動は、様々な社会貢献活動を行い、団体の構成員に対して、収益を分配することを目的としない点に特徴があります。一般的に、法人は株式会社や合同会社などの営利法人と学校法人や宗教法人、医療法人などの非営利法人に分かれますが、NPO法人は非営利法人に含まれます。このように、NPOは、特定非営利活動促進法に基づいて法人格を取得した法人ですが、法人格の有無に関わらず、福祉や教育、文化、地域のまちづくり、環境、国際協力といった様々な分野で、社会のニーズに応えるような活動をすることが期待されています。

## ■ 業種が限定されている

NPO法人の活動は、20分野の活動に限られています。法人格を取得しないでNPO活動を行っている場合には、特にこの分野に限られませんが、NPO法人として活動をする場合には、その他の業種を行うことはできないので注意が必要です。ただし、20分野のうちの１つしか活動できないわけではなく、複数の分野にまたがって活動することは可能です。また、活動の対象については、不特定多数のために行うのが原則となります。

## ■ NPO組織のデメリットとは

NPOは行政と協力し合い、お互いの特色を活かしてより効

## NPO法人の社員と役員

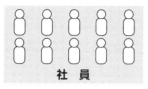

社 員

・最低 10 人必要
・社員が団体の場合には団体名を記載する

理事　　　　監事

役 員

・最低理事3人、監事1人(合計4人)必要
・役員が4人の場合、報酬を受け取ることが
　できるのは1人だけ

果的な活動をしながらコストの削減に努力すべきです。それは
ビジネスチャンスを狙い、需要が見込まれるマーケットで起業
する一般の企業とは違い、NPO組織で必要な資金を確保する
のはやさしいことではないからです。財源が豊富な行政と比べ
るとかなりの違いがあり、NPOで活動を継続するためには、
資金を集めるための事業を行っていても、他にも寄附や補助金
などもできる限り確保しなければなりません。

### ■ 社員総会とは

　NPO法人の設立後は、社員総会を開催しなければなりません。
　社員総会には通常総会と臨時総会があり、通常総会について
は、原則として、少なくとも年1回開催することが義務付けら
れています。
　設立後の事業の見直しや方針の転換に伴い、NPO法人の解
散や合併についての意思決定をする場合、必ず社員総会を開催
して決議をとらなければなりません。また、定款を変更する場
合にも、社員総会で決める必要があります。
　ただし、こうした決議事項以外については、特に定款によっ

**みなし総会決議**

平成24年4月からは、
理事または社員が社員
総会の目的である事項
について提案し、その
提案につき社員の全員
が書面や電子メールで
同意したときは、その
提案を可決する旨の社
員総会の決議があった
とみなすことができる
制度(みなし総会決議)
が導入されている。
NPO法人は、原則と
して年1回通常総会を
開催しなければならな
いが、みなし総会決議
の要件を満たした場合
には、社員総会の開催
を省略できる。

て社員総会で定める旨の規定を置いていない限りは、理事会で決定することができます。総会を開催する時には社員に開催通知を送付します。

社員が、社員総会に実際に出席できない場合には、委任状を提出することができます。委任状を提出すると、委任状を提出した本人は出席者として決議に必要な人数分に計上されます。社員総会で決議をする議案の中には、全社員の2分の1以上の出席を要するものもあり、可決できないという事態を避けるため、当日都合のつかない社員には委任状を積極的に活用してもらう必要があります。

## ■ 理事会とは

理事会は文字通り、理事が集まって行う会議のことで、「社員総会で決定しなければならない」とされている事項以外の事項について、決議を行うことができます。理事会は構成人数が社員総会よりも少ないので、社員総会よりも小回りがききます。したがって、たとえば月に1度開催してきめ細やかな意思決定を行うことができます。

## ■ 認定NPOとは

認定NPOとは、社会に貢献しているNPO法人への支援を促すために認められている制度です。通常のNPO法人が認定NPO法人として認められると、様々なメリットを受けることができます。

認定NPO法人に個人や法人が寄附した場合に、寄附した個人や法人が税制上優遇されるような措置があります。そのため、寄附金を集めやすくなり、寄附金が集まることでより積極的に活動することが可能になり、さらに賛同者を集めることもできるようにもなります。

認定NPOとなるためには、パブリックサポートテスト（PST）

**理事会の場合の委任状の提出**

理事会の場合は、社員総会とは異なって委任状の提出は認められていないので、理事全員の都合がつく日時を選んで開催する必要がある。

**仮認定NPO法人**

仮認定を受けたNPO法人のことを仮認定特定非営利活動法人（仮認定NPO法人）という。仮認定を受けると、認定NPO法人と同様の寄附者に対する税制上の措置やみなし寄附金制度などの税制上のメリットを受けることができる。

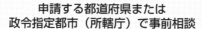

## 認定または仮認定を受けるための申請手続き

認証を受けたNPO法人

↓

申請する都道府県または
政令指定都市（所轄庁）で事前相談

↓

所轄庁に認定または仮認定を受けるための書類
（申請書と添付書類）を提出

↓

審　査　　　　　・認定の可否の判断

↓　　　　　　　　・認定（仮認定）
　　　　　　　　　　の可否の通知

認定（仮認定）申請をしたNPO法人

※申請後、認定または仮認定の通知が行われるまで6か月程度かかる。
※仮認定とは、PST要件を満たしていないNPO法人についても一定の
　税の優遇措置が受けられるようにする制度のこと。

に関する要件（NPO法人の活動について、「一般市民から広く
支持されているか」の度合いを計るもの）、活動の対象に関す
る要件、運営組織や経理に関する要件など必要な要件を満たし
た上で、NPO法人の主たる事務所の所在地を管轄する都道府
県知事または政令指定都市の長（所轄庁）に、「認定特定非営
利活動法人としての認定を受けるための申請書」を提出します。
所轄庁は審査を行い、認定の可否を判断します。所轄庁は、認
定または認定をしないことを決定したこととその理由を、当該
申請をした特定非営利活動法人に対し、書面で通知します。認
定の有効期間は5年です。

　ただし、実際のところ、認定NPO法人として認められるた
めの要件（特にPST要件）を満たすのは困難という現実があり
ます。そのため認定NPO法人の要件を満たしていなくても、一
定の基準を満たしているNPO法人は申請することで仮認定の
資格を取得することができます。これを仮認定制度といいます。

# 一般社団法人・一般財団法人

非営利型法人は収益事業だけに課税される

**法人格**

個人のように権利や義
務の主体となることが
できる団体のこと。取
引の主体となることが
できる他、法人名義の
財産を所有したり登記
を行うこともできる。
この点で、法人格を持
たない任意団体とは大
きく異なる。

## ■ 一般社団法人とは

　社団法人とは、2名以上の社員（構成員）が集まって作る団体で、法人格が付与されたもののことです。一般社団法人は、社団法人の一種であり、営利を目的としない法人です。かつては、非営利活動を行う団体が法人格を取得するためには、事業の目的に公益性を備える必要がありました（公益法人）が、現在では、事業に公益目的がなくても、一般社団法人として法人格を取得することが可能になっています。設立する際の手続きも、簡略化されており、一般社団法人の場合には、設立者が話し合って定款を作成し、公証役場で公証人の認証を受けた後は、登記手続きをすませれば設立が認められます。

　設立時に定款を作成して認証を受けなければならない、という点は株式会社と同様ですが、一般法人は会社とは異なって、剰余金が出た場合に社員に配当することはできません。しかし、法人としての活動内容については、非営利の事業だけでなく収益を得る事業を行うこともできます。

　なお、一般社団法人・一般財団法人のうち、公益法人認定法により、公益性の認定を受けたものは、公益社団法人と公益財団法人になります。公益認定申請の大まかな手続きの流れは、①事前の準備、②認定の申請、③審査、④移行登記手続きとなります。公益認定を受ける場合、一般社団法人の目的について、23種類の公益目的事業をおもな目的としていることが必要です。

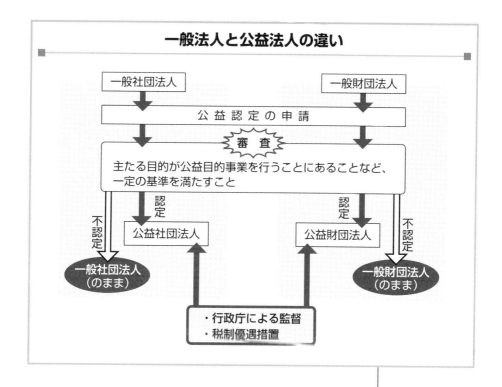

## 一般法人と公益法人の違い

```
一般社団法人                              一般財団法人
    │                                        │
    ▼                                        ▼
┌─────────────────────────────────────────────────┐
│              公 益 認 定 の 申 請                    │
└─────────────────────────────────────────────────┘
    │              ★ 審 査 ★                 │
    ▼                                        ▼
┌─────────────────────────────────────────────────┐
│   主たる目的が公益目的事業を行うことにあることなど、       │
│   一定の基準を満たすこと                            │
└─────────────────────────────────────────────────┘
    │         │認定            認定│          │
不認定│         ▼                  ▼          │不認定
    ▼     公益社団法人        公益財団法人       ▼
 一般社団法人                              一般財団法人
 （のまま）       ▲              ▲         （のまま）
                 └──────┬───────┘
                 ┌──────────────────┐
                 │ ・行政庁による監督      │
                 │ ・税制優遇措置         │
                 └──────────────────┘
```

## ■ どのような機関があるのか

　一般社団法人には、通常、社員で構成される社員総会、理事で構成される理事会、業務監査・会計監査を行う監事などの機関があります。

　社員総会は、法人の最高意思決定機関で、株式会社における株主総会と同じような役割を果たす機関です。理事会は、法人の業務執行機関で、株式会社における取締役会と同じような役割を果たします。監事については、必ず設置しなければならない機関ではありませんが、設置した場合には、理事会の業務執行の状況と会計について監査する役割を果たします。

　一般社団法人は最低でも1人以上の理事を置かなければならないことになっています。理事会を置く場合には、3人以上の理事を置かなければなりません。一方、監事は必ず置かなけれ

**大規模一般社団法人の場合**

会計監査人を置かなければならない。大規模一般社団法人とは、貸借対照表の負債の合計額が200億円以上の法人のこと。この場合に設置しなければならない会計監査人は、公認会計士か監査法人が担当する。

ばならない機関というわけではありません。ただし、理事会を置く場合には、最低でも1人以上の監事を置かなければならないとされています。

## ■ 一般社団法人の税制はどうなっているのか

一般社団法人に課される法人税は、その法人がどのような事業を行っているかによって異なります。一般社団法人が非営利型の法人（非営利型法人）である場合には、収益事業からの収益が法人税の課税対象となります。一方、非営利型に該当しない場合には、全所得が法人税の課税対象となります。非営利型に該当しない一般社団法人の場合、すべての所得が課税対象となるので、法人が受け取る寄附金や補助金も課税対象となります。

非営利型法人には、2つのタイプがあります。その法人が設立された目的が会員の交流や親睦を深めることが目的であるかどうか、という法人の目的によって決まるものと、法人の目的は問わない代わりに剰余金や残余財産などについての処理をどう定めているか、という観点から定まります。

具体的には、①剰余金や解散時の残余財産を分配しないことを定款に記載しているタイプの法人（非営利型が徹底された法人）と、②会員から徴収する会費によって会員のために運営しているタイプの法人（共益的活動を目的とする法人）があります。②に該当する非営利型の法人とは、会員の交流や親睦をはかることを目的として設立されている法人などです。

非営利型法人に該当するかどうかは法人税法、法人税法施行令などによって厳格に規定されており、それらの要件を満たさなければ非営利型の法人とは認められません。

## ■ 一般財団法人とは

財産の集まりのことを財団といいますが、一般財団法人とは、法人格が与えられた一定の額以上の財産の集まりのことです。

## 一般財団法人の設立の流れ

設立者が財団の概要・原案を決める

↓

定款作成

↓

公証人に定款を認証してもらう

↓

300万円以上の財産を拠出する

↓

設立時理事、設立時監事による調査

↓

主たる事務所を管轄する法務局で登記申請を行う

↓

登記事項証明書を取得する

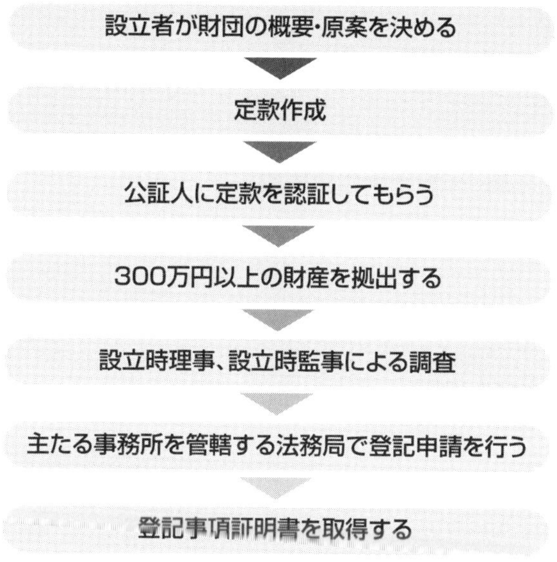

　一般社団法人の場合には出資金がなくても設立することができるのに対し、一般財団法人の場合には設立時に300万円以上の拠出金を払い込む必要があります。これは、一般財団法人が財産の集まりであることが前提となっているからだといえるでしょう。

　一般財団法人には、一般社団法人には存在しない評議員という役職を3人以上置かなければならず、また、この評議員から構成される評議員会も必ず設置しなければなりません。これ以外にも、3人以上の理事と理事会、1人以上の監事も置く必要があります。財産の集まりである一般財団法人については財産を適切に管理する必要があり、一般社団法人と比べて多くの機関を設置することが求められています。

　一般財団法人の設立の流れは上図のとおりです。

# 有限責任事業組合

· · · · · · · · · · · · · · · · · · · · · · · · · · · · · · · · · · · · · · · ·

## それぞれの団体の特色を把握することが大切である

### ■ 有限責任事業組合とは

**有限責任事業組合**

もともとは外国で認められていたLLP（Limited Liability Partnership）を基にして有限責任事業組合法が2005年に施行された。日本版LLPとも呼ばれている。

　有限責任事業組合は、有限責任事業組合法によって認められた組織です。有限責任事業組合は、株式会社のように株主総会や取締役といった機関を設置する義務を負わないので、柔軟な組織を作ることができます。また、組合内のルールについても株式会社などと比べるとかなり自由度が高く、出資者である組合員同士で合意に達した上で事業を進めることができます。

　有限責任事業組合の事業目的を達成するためには、実際に活動を行う構成員が必要です。構成員には、個人だけでなく、法人もなることができます。有限責任事業組合の活動方針について定める書類は、株式会社のような定款ではなく組合契約書です。契約である以上、最低でもその契約を交わす人員として2人以上の構成員が必要となります。

　有限責任事業組合（LLP）を設立するには、組合契約書の作成や出資金の払込み、登記の申請などを行う必要があります。それぞれの手続きに必要となる書類や印鑑なども準備する必要があります。具体的な流れは以下のとおりです。

①　有限責任事業組合の目的、名称、主たる事務所の所在地を決める

②　名称について、同一の商号がないかを調査する

③　代表組合員の印鑑を作る

④　組合契約書を作成する

⑤　金融機関に開設した口座に出資金を払い込む

⑥　設立登記の申請に必要な書類を準備する

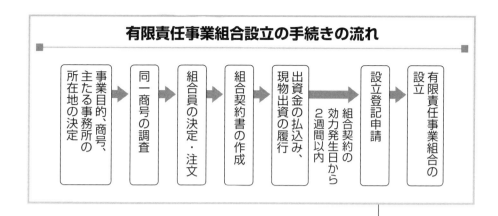

有限責任事業組合設立の手続きの流れ

事業目的、商号、主たる事務所の所在地の決定 → 同一商号の調査 → 組合員の決定・注文 → 組合契約書の作成 → 現物出資の履行 → 出資金の払込み、組合契約の効力発生日から2週間以内 → 設立登記申請 → 有限責任事業組合の設立

⑦　登記の申請を行う（登録免許税額は6万円）

## ■ 有限責任事業組合のメリット

　有限責任事業組合が合同会社などの持分会社や株式会社と大きく異なる点として、「組織自体に対しては課税されない」という点が挙げられます。有限責任事業組合の場合には、その構成員に対して直接課税されるのです。これを構成員課税あるいは、パススルー課税といいます。通常、会社組織の場合には、会社の損益をもとにして算出した税額が直接その会社に対して法人税としてかけられるのですが、有限責任事業組合の場合には、有限責任事業組合について生じた損益については、その構成員である各組合員に直接課税されます。組合員が個人の場合には所得税として課税され、組合員が法人の場合には、その法人に対する法人税として課税されます。組合員に課税する際には、その組合員が有限責任事業組合以外の事業などから生じた所得と有限責任事業組合での所得を通算（あわせて計算すること）することになっています。また、株式会社の場合には、出資額の比率に応じた利益を得ることになりますが、有限責任事業組合の場合には、出資額の比率とは無関係に利益の分配を定めることができます。

## Column

### 各種法人の最近の設立状況

　個人ではなく、組織として事業を展開しようと考えている人は、事業の目的、内容、規模などを検討し、本書で取り上げてきたような団体（法人）を設立することになるでしょう。

　どのような団体を設立するかにあたっては、最近の設立状況なども1つの目安になります。設立件数（設立登記の件数）が多い団体の形態は、それだけ需要のある組織ということができます。

　おもな団体の近年の設立状況は下表のとおりです。登記の総数と設立件数からすると、やはり株式会社が突出している状況にあるということができます。合同会社は、2015年には22223件となり、2万件を突破しましたが、その後も設立件数が増えており、2018年に29076件、2019年には3万件を突破しています。一般社団法人は、2013年には9429件の設立件数があったものの、その後は相続税対策などへの活用ができなくなったため、減少傾向にあるものの、6,000件台をキープしています。株式会社以外の選択肢としては、合同会社や一般社団法人の設立・登記が行われる場合が多くなっているといえます。

### ■ 法人の設立件数 ………………………………………………………

|  | 登記された法人の総数／<br>NPO法人の認証数 | 2019年度の<br>設立件数 |
|---|---|---|
| 株式会社 | 969,396件 | 87,871件 |
| 合同会社 | 74,949件 | 30,566件 |
| 合資会社 | 3,389件 | 47件 |
| 合名会社 | 917件 | 48件 |
| 一般社団法人 | 41,539件 | 6,110件 |
| 一般財団法人 | 16,078件 | 281件 |
| 有限責任事業組合 | 1,360件 | 420件 |
| NPO法人 | 51,040件（2020年11月30日現在） | |

※株式会社、合同会社、合資会社、合名会社、一般社団法人、一般財団法人、有限責任事業組合については、法務省登記統計「商業・法人登記(2019年の年次表)」を基に作成。
　NPO法人については、内閣府NPO法人ホームページ「認証申請受理数・認証数(所轄庁別)」を基に作成。

# 巻　末

## 登記事項証明書・
## 登記申請書・
## 添付書類サンプル集

## 履歴事項全部証明書

東京都練馬区南大泉○丁目○番○号
株式会社永松商事

| | |
|---|---|
| 会社法人等番号 | ０１１６－０１－００××××  |
| 商　　　　　号 | 株式会社　永松商事 |
| 本　　　　　店 | 東京都練馬区南大泉○丁目○番○号 |
| 公告をする方法 | 官報に掲載してする。 |
| 会社成立の年月日 | 令和１年　１月　９日 |
| 目　　　　　的 | 1　医薬品の製造販売<br>2　加工菓子の卸及び小売業務並びに輸出入業務<br>3　日用品雑貨の販売<br>4　介護用品の販売<br>5　紳士、婦人、子供服の販売<br>6　医薬品、衣料品、介護用品、日用品雑貨の輸入<br>7　前各号に附帯又は関連する一切の事業 |
| 発行可能株式総数 | 800株 |
| 発行済株式の総数<br>並びに種類及び数 | 発行済株式の総数 200株 |
| 資 本 金 の 額 | 金 1000万円 |
| 株式の譲渡制限に<br>関する規定 | 当会社の株式を譲渡により取得するには、株主総会の<br>決議を要する。 |
| 役員に関する事項 | 取締役　　　　永松慶太郎 |
| | 東京都練馬区東大泉○丁目○番○号<br>代表取締役　永松慶太郎 |
| 登記記録に関する<br>事項 | 設立　　　　　　　　　　　　令和１年１月９日登記 |

これは登記簿に記録されている閉鎖されていない事項の全部であることを証明した
書面である。
　　　　　　　　令和１年　１月　25日
　　　　　　　　東京法務局　練馬出張所
　　　　　　　　登記官　　　　　　　　　　　　　法 務 太 郎 ㊞

整理番号　テ３３２８４１　　　＊下線のあるものは抹消事項であることを示す。

# 印鑑（改印）届書

※ 太枠の中に書いてください。

| (注1)(届出印は鮮明に押印してください。) | | 商号・名称 | 株式会社　スターライト商事 |
|---|---|---|---|
| | | 本店・主たる事務所 | 東京都新宿区××五丁目2番1号 |
| | 印鑑提出者 | 資　格 | 代表取締役・取締役・代表理事<br>理事・（　　　　　　） |
| | | 氏　名 | 星　光男 |
| | | 生年月日 | 明・大・昭・平・西暦　　年　　月　　日生 |

<br>

(注2)
- □ 印鑑カードは引き継がない。
- □ 印鑑カードを引き継ぐ。

印鑑カード番号 _____

前 任 者 _____

| 会社法人等番号 | ××××××× |
|---|---|

届出人 (注3)　☑ 印鑑提出者本人　□ 代理人

(注3)の印

| 住　所 | 東京都新宿区××七丁目3番2号 | 実印<br>（個人） |
|---|---|---|
| フリガナ | ホシ　ミツオ | |
| 氏　名 | 星　光男 | |

## 委 任 状

私は，(住所)

　　(氏名)

を代理人と定め，印鑑(改印) の届出の権限を委任します。

　令和　　年　　月　　日

　住　所

　氏　名　　　　　　　　　　　　　　　　　　印　　市区町村に登録した印鑑

□　市区町村長作成の印鑑証明書は，登記申請書に添付のものを援用する。　(注4)

- (注1)　印鑑の大きさは，辺の長さが1cmを超え，3cm以内の正方形の中に収まるものでなければなりません。
- (注2)　印鑑カードを前任者から引き継ぐことができます。該当する□にレ印をつけ，カードを引き継いだ場合には，その印鑑カードの番号・前任者の氏名を記載してください。
- (注3)　本人が届け出るときは，本人の住所・氏名を記載し，市区町村に登録済みの印鑑を押印してください。代理人が届け出るときは，代理人の住所・氏名を記載，押印（認印で可）し，委任状に所要事項を記載し，本人が市区町村に登録済みの印鑑を押印してください。
- (注4)　この届書には作成後3か月以内の**本人の印鑑証明書**を添付してください。登記申請書に添付した印鑑証明書を援用する場合は，□にレ印をつけてください。

| 印鑑処理年月日 | | | | | |
|---|---|---|---|---|---|
| 印鑑処理番号 | 受　付 | 調　査 | 入　力 | 校　合 | |
| | | | | | |

(乙号・8)

会社法人用

# 登記事項証明書
# 登記簿謄抄本 交付申請書
# 概要記録事項証明書

※ 太枠の中に書いてください。

（地方）法務局　　支局・出張所　　令和　年　月　日 申請

| 窓口に来られた人<br>（申請人） | 住　所 | 東京都新宿区××七丁目3番2号 | 収入印紙欄 |
|---|---|---|---|
| | フリガナ | ほし　みつお | |
| | 氏　名 | 星　光男 | |

| 商号・名称<br>（会社等の名前） | 株式会社　星光商事 |
|---|---|
| 本店・主たる事務所<br>（会社等の住所） | 東京都新宿区××五丁目2番1号 |
| 会社法人等番号 | |

※　必要なものの□にレ印をつけてください。

| 請　　求　　事　　項 | 請求通数 |
|---|---|
| ①全部事項証明書（謄本）<br>　☑ **履歴事項証明書** （閉鎖されていない登記事項の証明）<br>　※現在効力がある登記事項に加えて，当該証明書の交付の請求があった日の3年前の日の<br>　　属する年の1月1日から請求があった日までの間に抹消された事項等を記載したものです。<br>　□ **現在事項証明書** （現在効力がある登記事項の証明）<br>　□ **閉鎖事項証明書** （閉鎖された登記事項の証明）<br>　※当該証明書の交付の請求があった日の3年前の属する年の1月1日よりも前に<br>　　抹消された事項等を記載したものです。 | 3<br>通 |
| ②一部事項証明書（抄本）　※ 必要な区を選んでください。<br>　□ 履歴事項証明書　　□ 株式・資本区<br>　□ 現在事項証明書　　□ 目的区<br>　□ 閉鎖事項証明書　　□ 役員区<br>　　　　　　　　　　　□ 支配人・代理人区<br>　※商号・名称区及び　※2名以上の支配人・参事等がいる場合で，その一部の者のみを<br>　　会社・法人状態区　　請求するときは，その支配人・参事等の氏名を記載してくださ<br>　　は，どの請求にも　　い。<br>　　表示されます。　　　（氏名　　　　　　　　　）<br>　　　　　　　　　　　（氏名　　　　　　　　　）<br>　　　　　　　　　　　□ その他（　　　　　　　） | 通 |
| ③□代表者事項証明書　　　（代表権のある者の証明）<br>　※2名以上の代表者がいる場合で，その一部の者の証明のみを請求するとき<br>　　は，その代表者の氏名を記載してください。（氏名　　　　　　　　　） | 通 |
| ④コンピュータ化以前の閉鎖登記簿の謄抄本<br>　□ コンピュータ化に伴う閉鎖登記簿謄本<br>　□ 閉鎖謄本（　　　年　　月　　日閉鎖）<br>　□ 閉鎖役員欄（　　　年　　月　　日閉鎖）<br>　□ その他（　　　　　　　　　　　　　） | 通 |
| ⑤概要記録事項証明書<br>　□ 現在事項証明書（動産譲渡登記事項概要ファイル）<br>　□ 現在事項証明書（債権譲渡登記事項概要ファイル）<br>　□ 閉鎖事項証明書（動産譲渡登記事項概要ファイル）<br>　□ 閉鎖事項証明書（債権譲渡登記事項概要ファイル）<br>　※請求された登記記録がない場合には，記録されている事項がない旨<br>　　の証明書が発行されます。 | 通 |

収入印紙は割印をしないでここに貼ってください。
（登記印紙も使用可能）

| 交付通数 | 交付枚数 | 手数料 | 受付・交付年月日 |
|---|---|---|---|
| | | | |

（乙号・6）

## 証　明　書

　令和２年８月７日付け定時（臨時）株主総会の各議案につき，総議決権数（各議案につき，議決権を行使することができるすべての株主の有する議決権の数の合計をいう。以下同じ。）に対する株主の有する議決権（各議案につき議決権を行使できるものに限る。以下同じ。）の数の割合が高いことにおいて上位となる株主であって，次の①と②の人数のうち少ない方の人数の株主の氏名又は名称及び住所，当該株主のそれぞれが有する株式の数（種類株主総会の決議を要する場合にあっては，その種類の株式の数）及び議決権の数並びに当該株主のそれぞれが有する議決権の数に係る当該割合は，次のとおりであることを証明する。

　なお，各議案につき，総議決権数に対する株主の有する議決権に変更はない。

①　１０名

②　その有する議決権の数の割合をその割合の多い順に順次加算し，その加算した割合が３分の２に達するまでの人数

|   | 氏名又は名称 | 住所 | 株式数(株) | 議決権数 | 議決権数の割合 |
|---|---|---|---|---|---|
| 1 | ○○○○ | 東京都新宿区<br>××一丁目１番２号 | 100 | 100 | 50.0% |
| 2 | ×××× | 大阪市中央区<br>××二丁目２番３号 | 60 | 60 | 30.0% |
|   |  |  |  |  |  |
|   |  | 合計 | 160 | 80.0% |
|   |  | 総議決権数 | 200 |  |  |

令和２年８月７日


東京都新宿区××五丁目２番１号
株式会社スターライト商事

代表取締役　　　星　光男

## 就 任 承 諾 書

　私は、令和２年６月２９日開催の株主総会の決議において、貴社の取締役に選任されましたので、ここにその就任を承諾いたします。


令和２年６月２９日


　　　　　　　　　　東京都港区××二丁目２番２号

　　　　　　　　　　　　　　　伊藤　太郎　　（実印）(個人)


　株式会社星光商事　　御中


## 就 任 承 諾 書

　私は、令和２年６月２９日に取締役全員の一致により、代表取締役に選定されましたので、ここにその就任を承諾いたします。


令和２年６月２９日


　　　　　　　　　　東京都港区××二丁目２番２号

　　　　　　　　　　　　　　　伊藤　太郎　　（印）(認印でも可)

# 株式会社設立登記申請書

1. 商　　　　号　　株式会社星光商事
（フリガナ　ホシミツショウジ）

1. 本　　　　店　　東京都渋谷区××五丁目２番１号

1. 登 記 の 事 由　　令和２年５月27日発起設立の手続終了

1. 登記すべき事項　　別添CD-Rの通り

1. 課 税 標 準 金 額　　金1000万円

1. 登 録 免 許 税　　金15万円

1. 添 付 書 類

　　　定款　　　　　　　　　　　　　　　　　　　　　１通

　　　発起人の同意書　　　　　　　　　　　　　　　　１通

　　　設立時取締役の選任を証する書面　　　　　　　　１通

　　　設立時代表取締役を選定したことを証する書面　　１通

　　　設立時取締役及び設立時代表取締役の就任承諾書　４通

　　　設立時取締役の印鑑証明書　　　　　　　　　　　３通

　　　払込みがあったことを証する書面　　　　　　　　１通


　上記のとおり登記を申請する。

令和２年６月１日

　　　　　　　　東京都渋谷区××五丁目２番１号

　　　　　　　　申請人　　　　株式会社星光商事

　　　　　　　　東京都新宿区××七丁目３番２号


　　　　　　　　代表取締役　　　星　　光男　

　　　　　　　　連絡先の電話番　０３－１２３４－５６７８

東京法務局　渋谷　出張所　御中

「商号」株式会社星光商事
「本店」東京都渋谷区××五丁目2番1号
「公告をする方法」官報に掲載する方法により行う。
「目的」
1．不動産の売買、賃貸、仲介及び管理
2．宅地建物取引業
3．不動産の鑑定業務
4．貸会場の経営
5．ビルメンテナンス業
6．上記各号に付随する一切の業務
「発行可能株式総数」2000株
「発行済株式の総数」200株
「資本金の額」金1000万円
「株式の譲渡制限に関する規定」
　当会社の発行する株式は、すべて譲渡制限株式とし、これを譲渡に
　よって取得するには、株主総会の承認を要する。
「役員に関する事項」
「資格」取締役
「氏名」星光男
「役員に関する事項」
「資格」取締役
「氏名」崎岡良子
「役員に関する事項」
「資格」取締役
「氏名」井田善治
「役員に関する事項」
「資格」代表取締役
「住所」東京都新宿区××七丁目3番2号
「氏名」星光男
「登記記録に関する事項」設立

# 株式会社変更登記申請書

1．会社法人等番号　　01××-01-1234××

1．商　　　　　号　　株式会社星光商事
（フリガナ　ホシミツショウジ）

1．本　　　　　店　　東京都新宿区××五丁目２番１号

1．登 記 の 事 由　　取締役の変更

1．登記すべき事項　　令和２年６月29日　取締役　崎岡円蔵　辞任

1．登 録 免 許 税　　金１万円 ＜ 資本金１億円以下の場合

1．添 付 書 類　　　辞任届　　　　　　　　　１通


上記のとおり登記を申請する。

令和２年６月29日

　　　　　　　　　　東京都新宿区××五丁目２番１号

　　　　　　　　　　申請人　　　株式会社星光商事

　　　　　　　　　　東京都新宿区××七丁目３番２号



　　　　　　　　代表取締役　　　星　　光男　

　　　　　　　連絡先ＴＥＬ０３－１２３４－５６７８

東京法務局　新宿　出張所　御中

# 辞任届

　私は、この度一身上の都合により、令和２年６月２９日付けで貴社の取締役を辞任いたしたく、お届け致します。


　令和２年６月２９日


　　　　　　　　　　　　　　　取締役　　　崎岡　円蔵　　　㊞
　　　　　　　　　　　　　　　　　　　　　　　　　　　　　（認印でも可）


　株式会社星光商事　御中


※代表取締役（法務局に印鑑を提出した者に限る）の辞任の場合は、辞任届に個人の実印を押印
　し、市区町村長作成の印鑑証明書を添付する必要があります。ただし、会社代表印を押印する
　ときは不要。

## 株式会社解散および清算人選任登記申請書

1. 会社法人等番号　　0100－01－○○○○○○
1. 商　　　　号　　株式会社○○
　　　（フリガナ）　　（カブシキガイシャ）
1. 本　　　　店　　東京都○○区○○一丁目2番3号
1. 登記の事由　　　解散
　　　　　　　　　　令和○年○月○日清算人および代表
　　　　　　　　　　清算人の選任
1. 登記すべき事項　別添CD-Rのとおり
1. 登録免許税　　　金3万9,000円
　　　　　　　　　　（内訳　解散分　　金3万円
　　　　　　　　　　清算人選任分　金9,000円）

1. 添　付　書　類
　　定款　　　　　　　　　　　　　　　　　　　　1通
　　株主総会議事録　　　　　　　　　　　　　　　1通
　　株主の氏名又は名称、住所及び
　　議決権数等を証する書面（株主リスト）　　　　1通
　　清算人および代表清算人の就任承諾を証する書面
　　　　株主総会議事録の記載を援用する

上記のとおり、登記の申請をします。

令和○年○月○日

　　　東京都○○区○○一丁目2番3号
　　　　申　請　人　　株式会社○○
　　　東京都○○区○○一丁目7番8号
　　　　代表清算人　　○○　○○
　　　　連絡先の電話番号　　03－○○○○－○○○○

（会社代表印）

東京法務局　○○出張所　御中

「解散」令和○年○月○日株主総会の決議により解散
「役員に関する事項」
「資格」清算人
「氏名」○○○○
「役員に関する事項」
「資格」清算人
「氏名」○○○○
「役員に関する事項」
「資格」代表清算人
「住所」東京都○○区○○一丁目７番８号
「氏名」○○○○

## 株式会社清算結了登記申請書

1. 会社法人等番号 　　　0100－01－○○○○○○

1. 商　　　　　号 　　　株式会社○○
（フリガナ　カブシキガイシャ）

1. 本　　　　　店 　　　東京都○○区○○一丁目2番3号

1. 登 記 の 事 由 　　　清算結了

1. 登 記 す べ き 事 項 　　　令和○年○月○日清算結了

1. 登 録 免 許 税 　　　金2,000円

1. 添 付 書 類

　　　株主総会議事録 　　　　　　　　　　　　　1通

　　　株主の氏名又は名称、住所及び

　　　議決権数等を証する書面（株主リスト）　　1通


上記のとおり、登記の申請をします。

令和○年○月○日

　　　東京都○○区○○一丁目2番3号

　　　　申　請　人　　　株式会社○○

　　　東京都○○区○○一丁目7番8号

　　　　代表清算人　　　○○　○○

　　　　連絡先の電話番号　　03－○○○○－○○○○

（会社代表印）

東京法務局　　○○出張所　御中

【監修者紹介】
松岡　慶子（まつおか　けいこ）
認定司法書士。大阪府出身。神戸大学発達科学部卒業。専攻は臨床心理学。
音楽ライターとして産経新聞やミュージック・マガジン、クロスビート、Ｃ
Ｄジャーナルなどの音楽専門誌等に執筆経験がある。2013年4月司法書士登
録。大阪司法書士会会員、簡裁訴訟代理関係業務認定。大阪市内の司法書士
法人で、債務整理、訴訟業務、相続業務に従事した後、2016年に「はる司
法書士事務所」を開設。日々依頼者の方にとって最も利益となる方法を模索
し、問題解決向けて全力でサポートしている。
監修書に『図解で早わかり 不動産登記のしくみと手続き』『入門図解 任意
売却と債務整理のしくみと手続き』『最新 不動産業界の法務対策』『抵当・
保証の法律と担保をめぐるトラブル解決法』『図解 土地・建物の法律と手続
き』『最新 内容証明郵便実践文例集200』『最新 会社役員【取締役・監査
役】のための法律常識と手続き 疑問解決マニュアル』（いずれも小社刊）な
どがある。

はる司法書士事務所
大阪府大阪市中央区平野町3-1-7　日宝平野町セントラルビル605号
電話：06-6226-7906　mail harulegal@gmail.com
http://harusouzoku.com

## 図解で早わかり
## 最新　商業登記の基本と実務

2021年3月30日　第1刷発行

| | |
|---|---|
| 監修者 | 松岡慶子 |
| 発行者 | 前田俊秀 |
| 発行所 | 株式会社三修社 |
| | 〒150-0001　東京都渋谷区神宮前2-2-22 |
| | TEL　03-3405-4511　FAX　03-3405-4522 |
| | 振替　00190-9-72758 |
| | http://www.sanshusha.co.jp |
| | 編集担当　北村英治 |
| 印刷所 | 萩原印刷株式会社 |
| 製本所 | 牧製本印刷株式会社 |

©2021 K. Matsuoka Printed in Japan
ISBN978-4-384-04864-3 C2032